응답하라 통기타 &우쿨렐레

황선면 엮음

응답하라 통기타&우쿨렐레

2016. 3. 12. 1판 1쇄 인쇄
2016. 3. 24. 1판 1쇄 발행

지은이 | 황선면
펴낸이 | 최한숙
펴낸곳 | BM 성안북스
주소 | 04032 서울시 마포구 양화로 127 첨단빌딩 5층(출판기획 R&D 센터)
     | 10881 경기도 파주시 문발로 112(제작 및 물류)
전화 | 02) 3142-0036
     | 031) 950-6386
팩스 | 031) 950-6388
등록 | 1978.9.18 제406-1978-000001호
출판사 홈페이지 | www.cyber.co.kr
도서 내용 문의 | clara1983@naver.com
ISBN | 978-89-7067-304-2 (13670)
정가 | 12,000원

이 책을 만든 사람들
책임 | 최옥현
기획 · 진행 | 김금정
본문 디자인 | 첨단 Design
표지 디자인 | 첨단 Design
홍보 | 전지혜
마케팅 | 구본철, 차정욱, 나진호, 이동후, 강호묵
제작 | 김유석

저자와의
협의하에
인지생략

머리말 PREFACE

통기타와 우쿨렐레는 누구나 한번은 접하는 생활 속 악기가 되었습니다.
가장 쉽게 배울 수 있는 두 악기를 가지고 시간이 흘러도 변치 않고 사랑받는
노래들을 연주해 보세요.
이 책은 1980년대부터 현재까지 긴 시간동안 사랑받은 노래들 가운데 통기타와
우쿨렐레로 많이 연주되는 노래를 엮은 악보집입니다.
높은 수준의 곡들을 쉬운 코드로 재해석하여 누구나 쉽게 연주할 수 있는
[응답하라 통기타&우쿨렐레]로 연주 실력도 키우고 추억속으로의 여행을
떠나는 시간도 되시길 바랍니다!

저자 황선면

■ 통기타와 우쿨렐레, 두 가지 코드가 모두 들어있습니다.

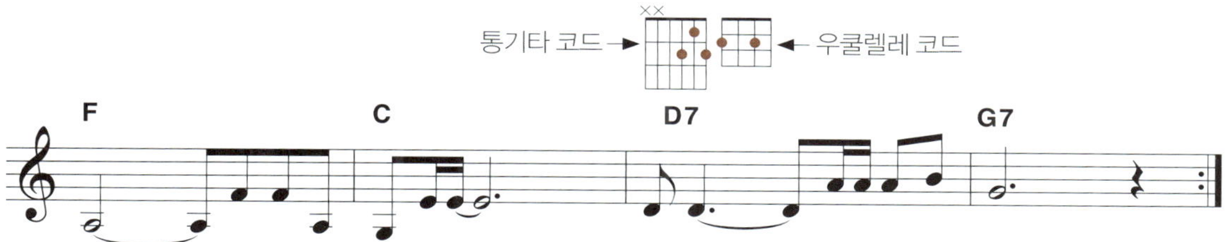

■ 쉬운 코드로 재해석하여 초보자도 쉽게 연주할 수 있습니다.

■ 큰 지면과 시원한 편집으로 악보가 잘 읽힙니다.

■ [황선면의 기타스쿨] 카페에서 동영상으로 배우고 게시판을 통해 질문을 올릴 수 있습니다.
주소 http://m.cafe.naver.com/hwangseonmyeon.cafe

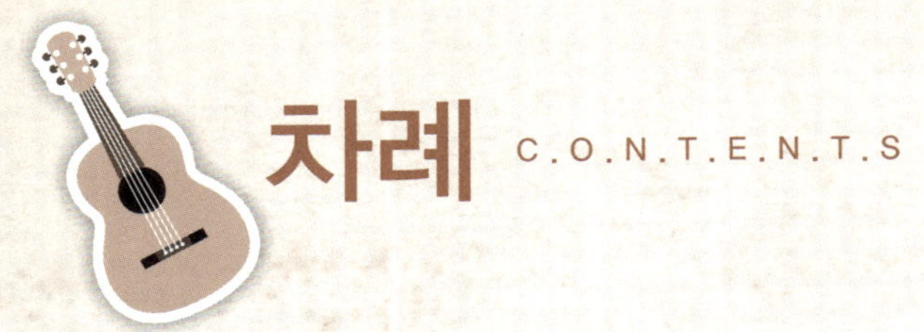

차례 C.O.N.T.E.N.T.S

부록 타브 악보 읽는 법

통기타&우쿨렐레 살펴보기

Guitar & Ukulele examine

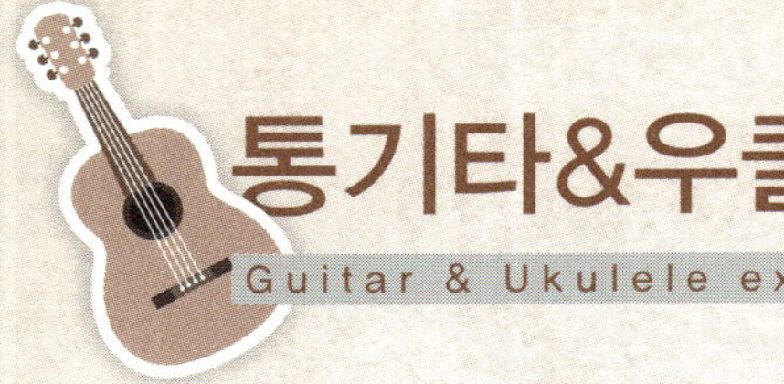

▶ 통기타

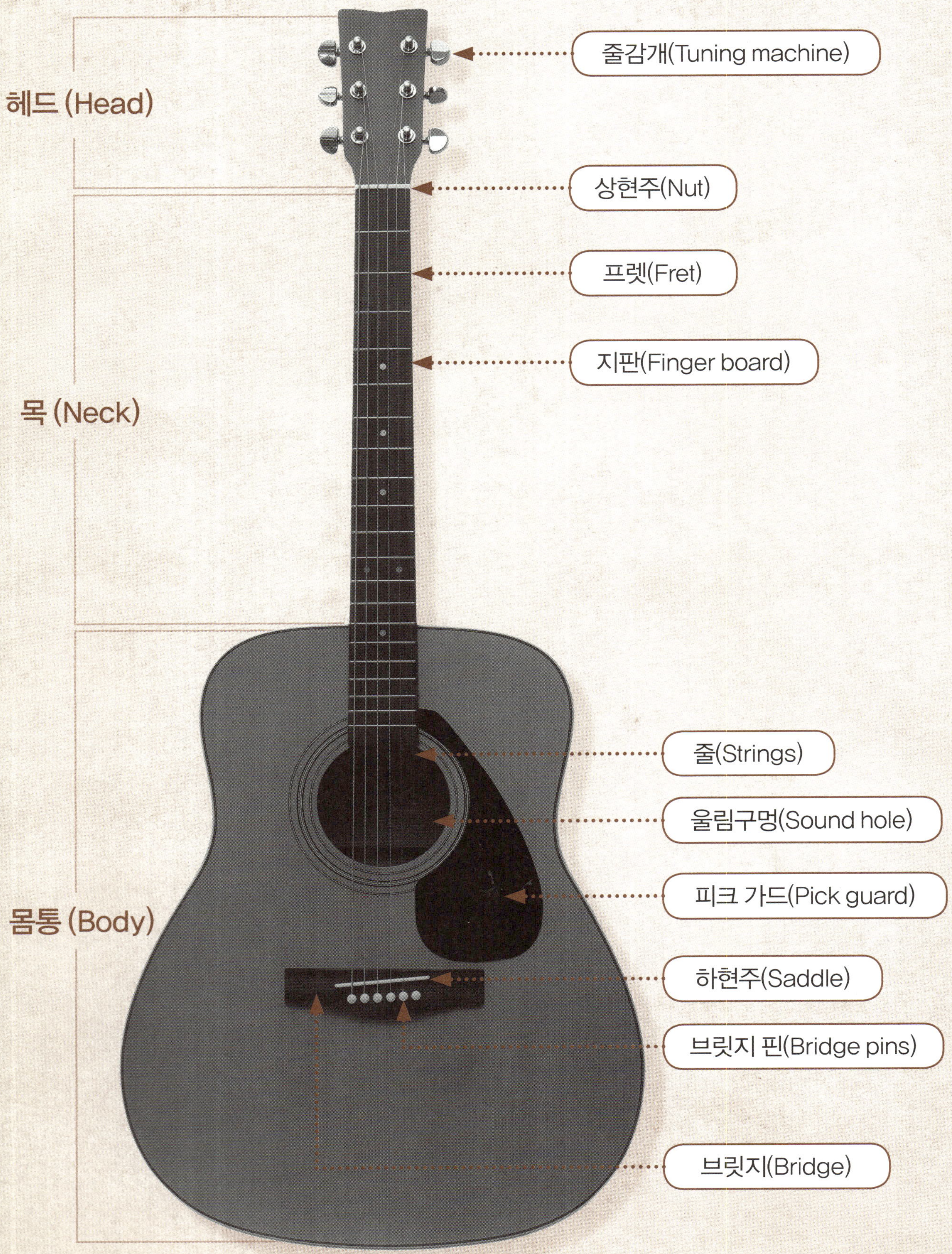

▶ 우쿨렐레

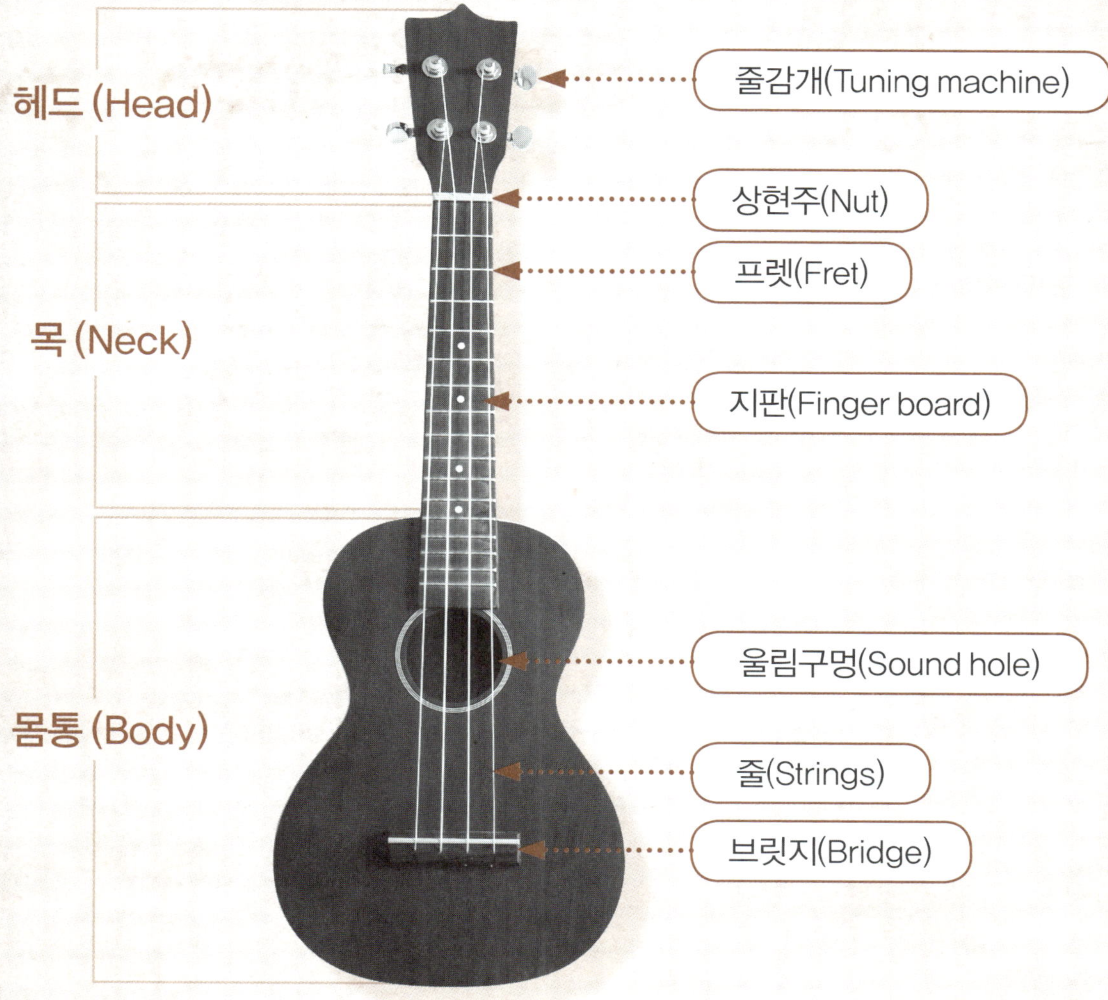

통기타&우쿨렐레 보관하는 법

▌우선 악기 스탠드를 사용하시길 바랍니다.

악기를 벽에 기대어 놓는 경우, 악기가 쓰러지면서 목(neck)이 부러지는 등의 손상이
생길 수 있어요!

**▌악기를 장기간(2 ～ 3 개월) 사용하지 않을 시에는 줄(Strings)을 아예 제거하거나 살짝 풀어
보관하는 것이 좋습니다.**

장기간 사용하지 않을 때, 줄(Strings)을 팽팽하게 묶어두면 양쪽으로 당겨져 뒤틀림이나 목(neck)이 휘
는 등 악기의 변형이 올 수 있어요!

▌기타와 우쿨렐레 모두 나무 재질로 되어 있어 습도에 민감하니 이를 잘 조절해주는 것이 중요합니다.

여름철에는 습하기 때문에 제습을 해주고, 겨울철에는 건조하니 가습을 해주세요. 이때, 제습제나 댐핏
같은 기구를 사용하는 것도 좋은 방법이에요!

걱정말아요 그대

전인권 작사 | 전인권 작곡 | 들국화, 이적 노래

F#m C#m7 D E7 A
지 나 간 대 로 – 그런 의 미 가 – 있 죠 –

A E7 F#m C#m7 D E7
떠 난 이 에 게 노 래 하 세 요 – 후 회 없 이 사 랑 했 노 라
우 리 다 함 께 노 래 합 시 다 – 후 회 없 이 꿈 을 꾸 었 다

1. A 2. A E7
말 해 요 – 말 해 요 – 지 나 간 것 은

F#m C#m7 D E7 A E7
지 나 간 대 로 – 그 런 의 미 가 – 있 죠 – 우 리 다 함 께

F#m C#m7 D E7 A
노 래 합 시 다 – 후 회 없 이 꿈 을 꿨 다 말 해 요 –
F.O.

소녀

이영훈 작사 | 이영훈 작곡 | 이문세, 오혁 노래

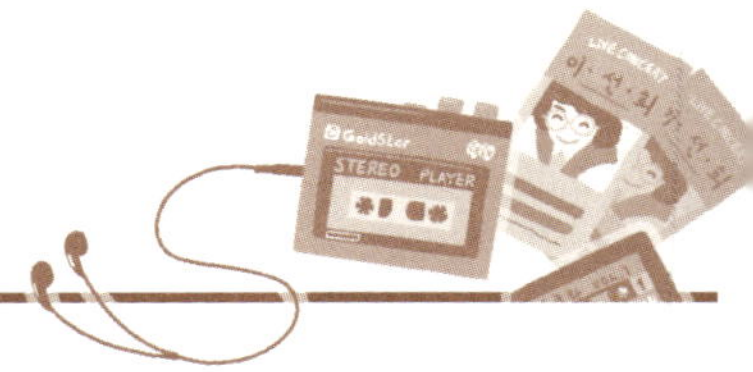

C   F G7 C   Em   Am
요   음   – 불어오는   차가운 바람 – 속에 –

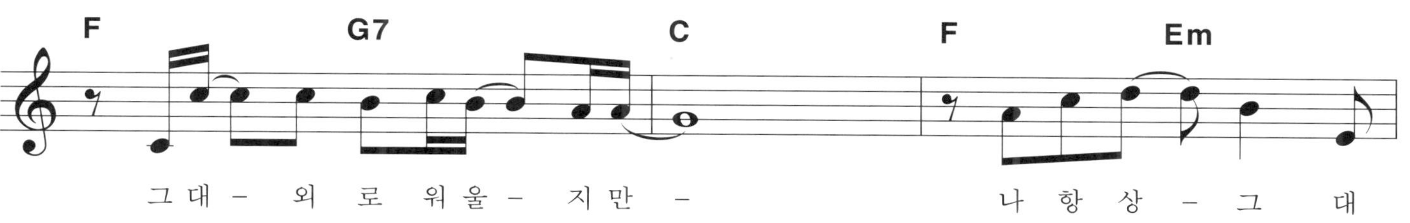

F   G7   C   F   Em
그대 – 외로워울 – 지만 –   나 항 상 – 그 대

Am   F   G7   C
곁에머 물겠 – 어요 –   떠나 – 지 않 아 – 요 –

3
D.S.
C   Em
– 요 –

Am   C   F   C

청춘

김창완 작사 ｜ 김창완 작곡 ｜ 김창완, 김필 노래

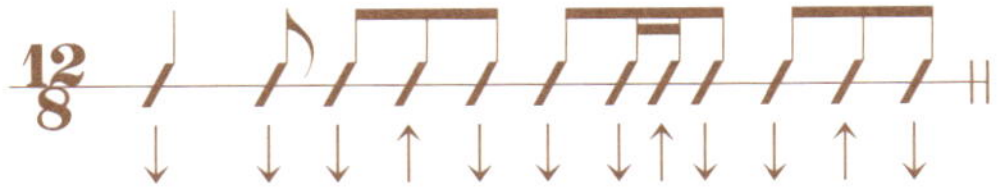

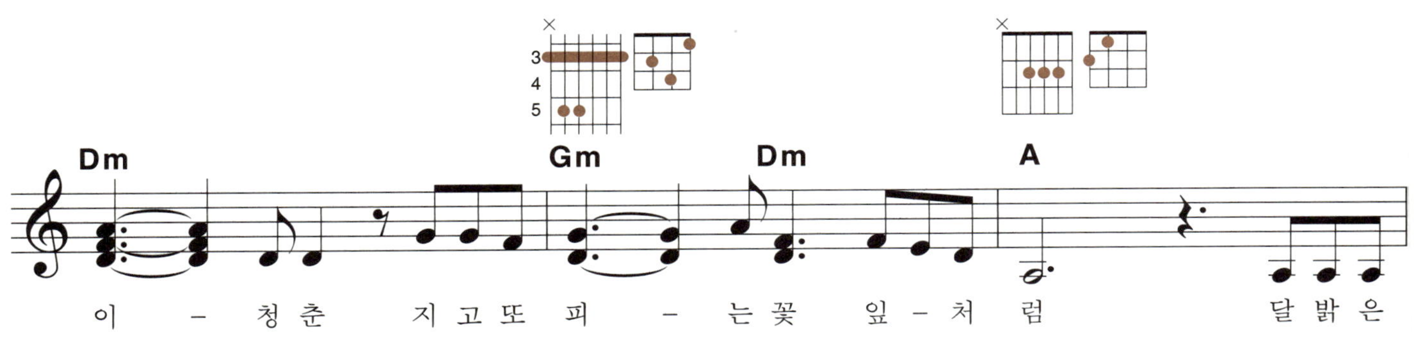

Gm   Dm   A   Dm
짓 – 에슬 퍼 – 지면   차 라 리 보 내 – 야지 돌 아 –

Dm   Gm   Am   1. Dm
서 – 야지 그렇게 세 – 월은 가 는 – 거 야   언 젠 간

2. Dm   Dm
야   날 두 고 간 – 님은 용 서 하 겠 – 지만 날 버 리 고

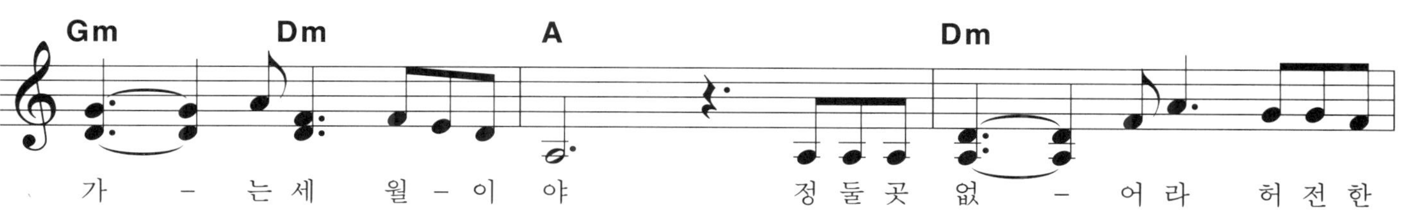

Gm   Dm   A   Dm
가 – 는 세 월 – 이 야   정 들 곳 없 – 어 라 허 전 한

Dm   Gm   Am   Dm   Dm
마 – 음은 정 답 던 옛 – 동산 찾 – 는 가   언 젠 간   야

D.S. al Coda

매일 그대와

최성원 작사 | 최성원 작곡 | 들국화, 소진 노래

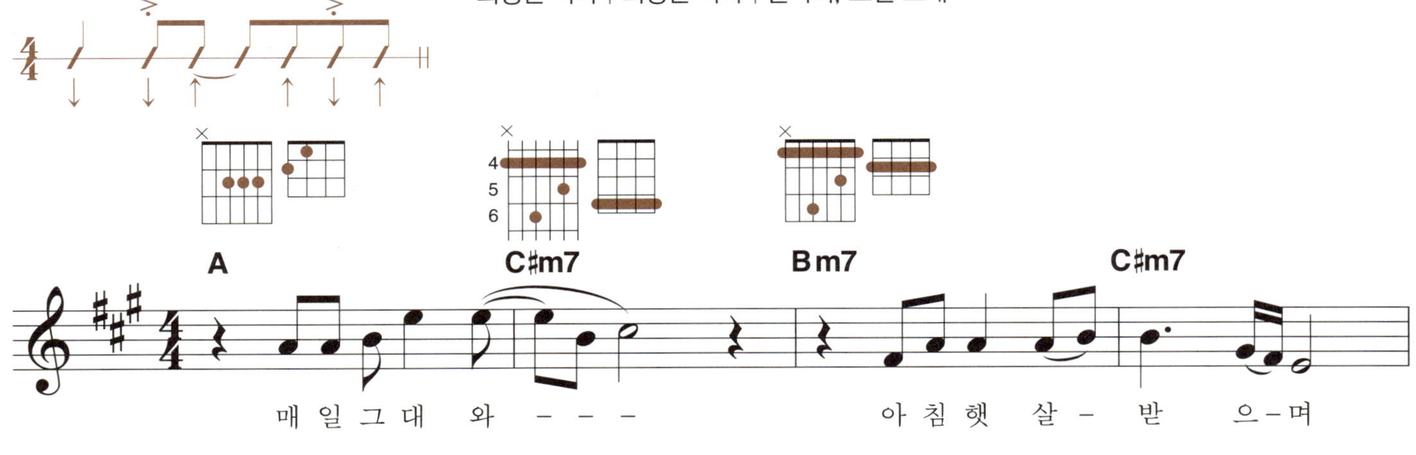

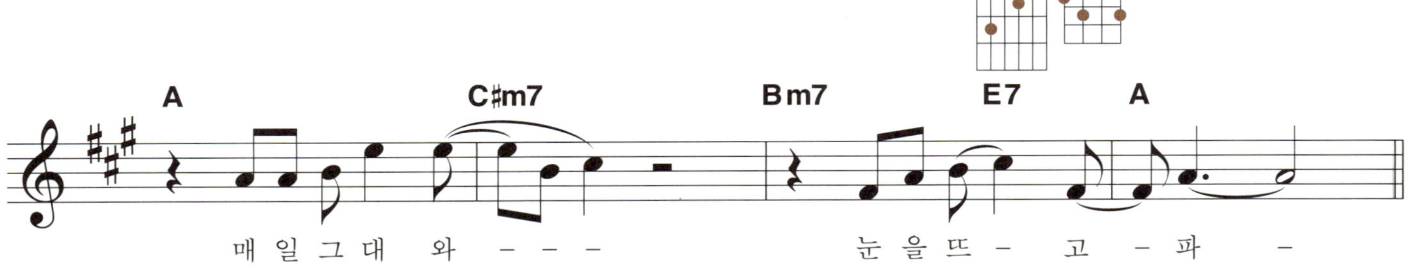

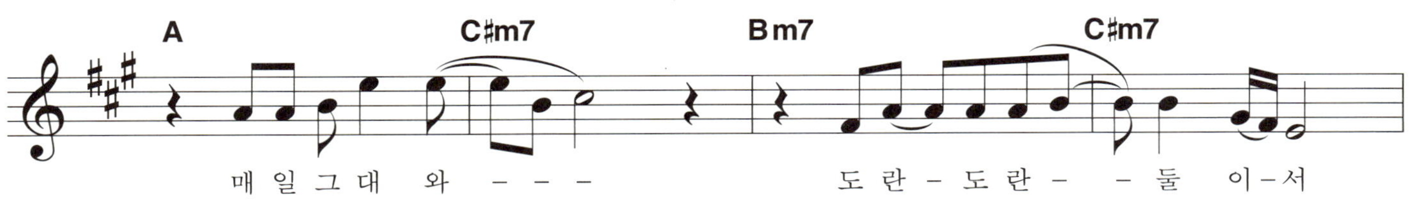

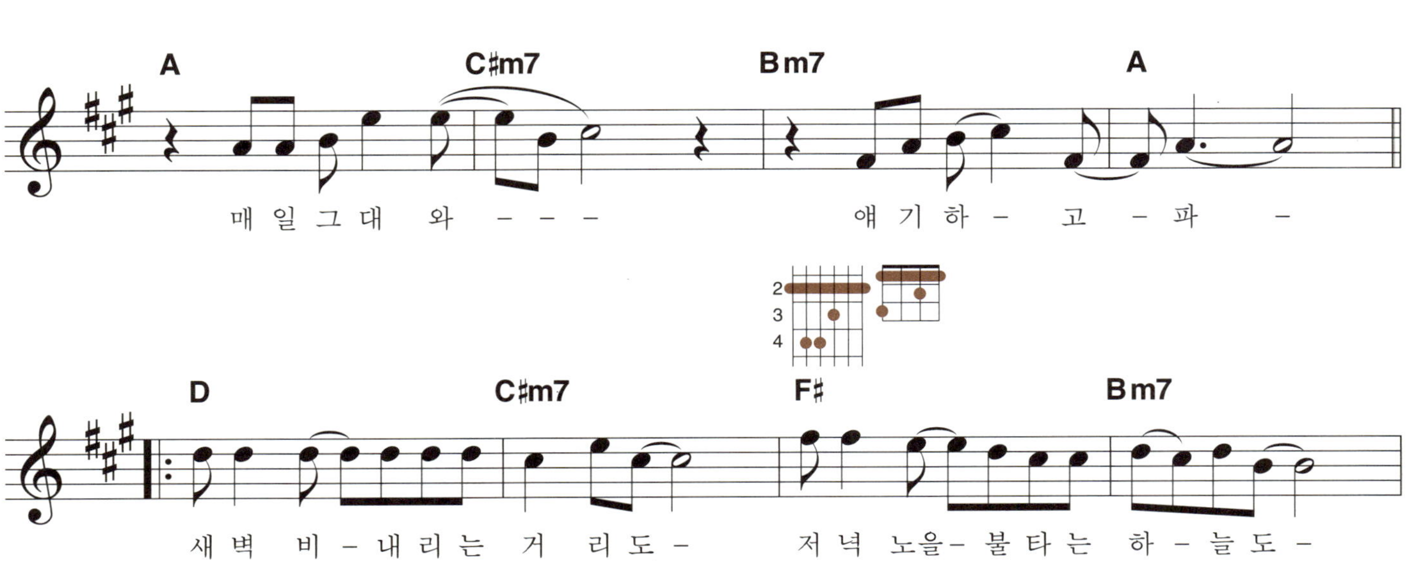

Dm   A   B7   E   E7
우리 를둘러싼 모 든걸 - 같이 - 나누고 파 - - - 하 - -

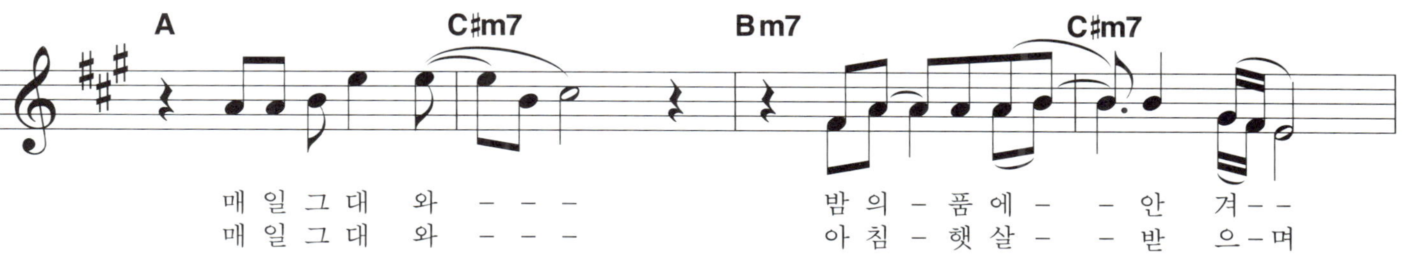
A   C#m7   Bm7   C#m7
매일그대 와 - - - 밤의 - 품에 - - 안 겨 - -
매일그대 와 - - - 아침 - 햇살 - - 받 으 - 며

A   C#m7   Bm7   A
매일그대 와 - - - 잠이들 - 고 - 파 -
매일그대 와 - - - 눈을뜨 - 고 - 파 -

Bm7   E   A   Bm7   E7   A
매일그 - 대 - 와 - 잠이들 - 고 - 파 -

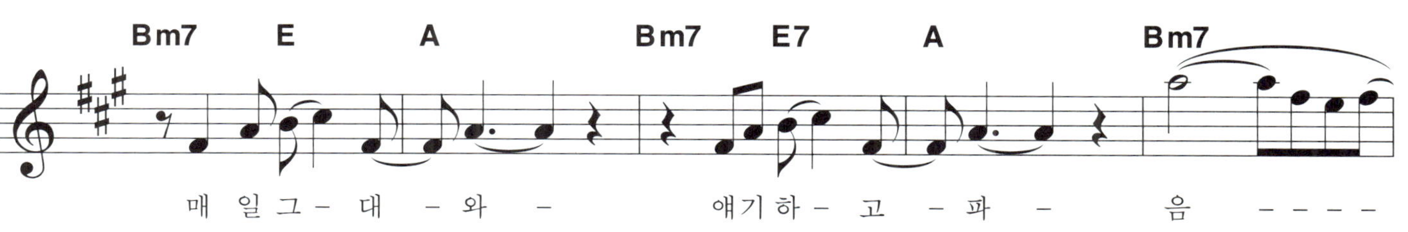
Bm7   E   A   Bm7   E7   A   Bm7
매일그 - 대 - 와 - 얘기하 - 고 - 파 - 음 - - - -

A   Bm7   E   A   Bm7   E7   A
- - - - 매일그 - 대 - 와 - 매일그 - 대 와

네게 줄 수 있는 건 오직 사랑뿐

지근식 작사 | 지근식 작곡 | 변진섭, 디셈버 노래

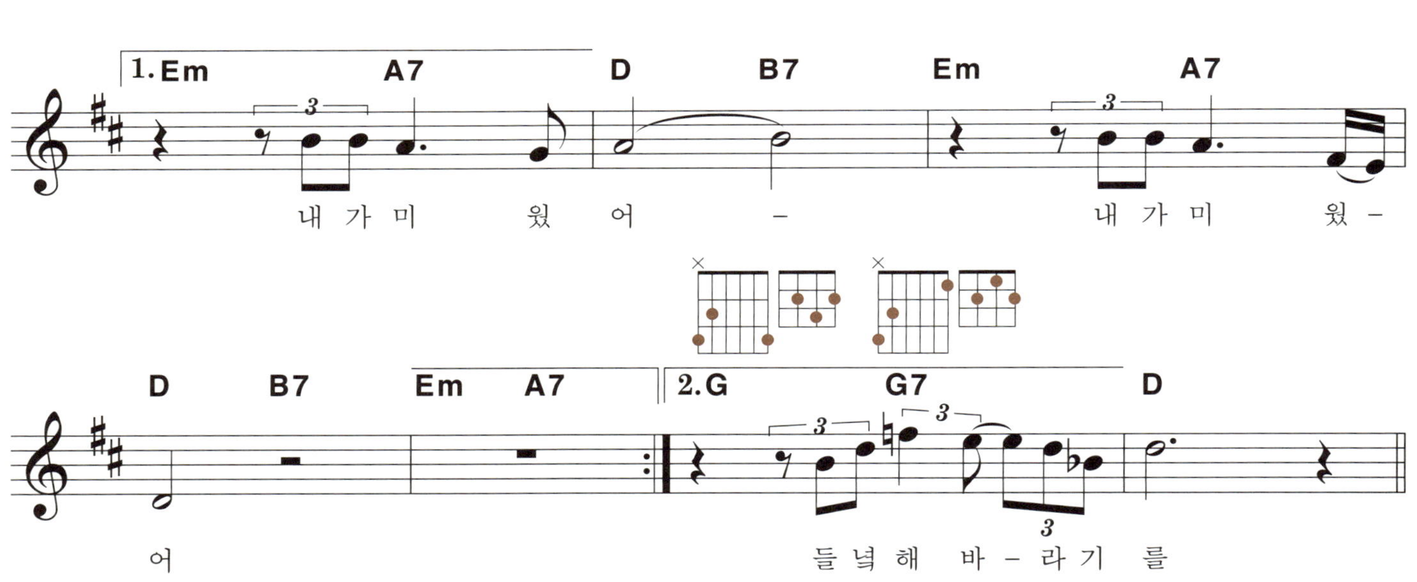

   *) 우쿨렐레는 F# 코드로 쉽게 연주합니다.

G   A   D   B7   G   G7
슴 - 모두태 워   줄 - 수있는건 -   오직사   랑

D   B7   G   G7   D   F#7   Bm
뿐   오직사 랑뿐

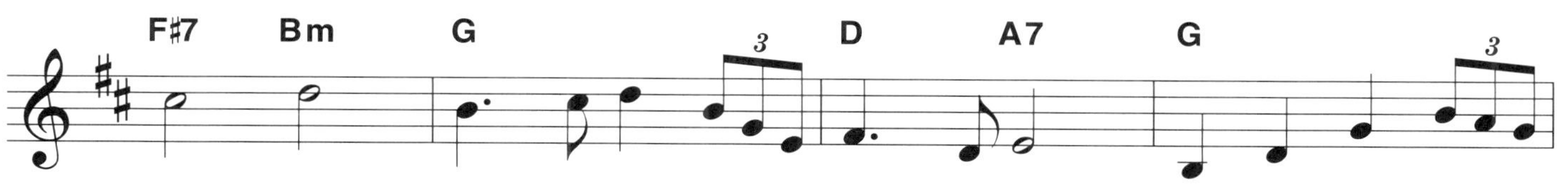

F#7   Bm   G   D   A7   G

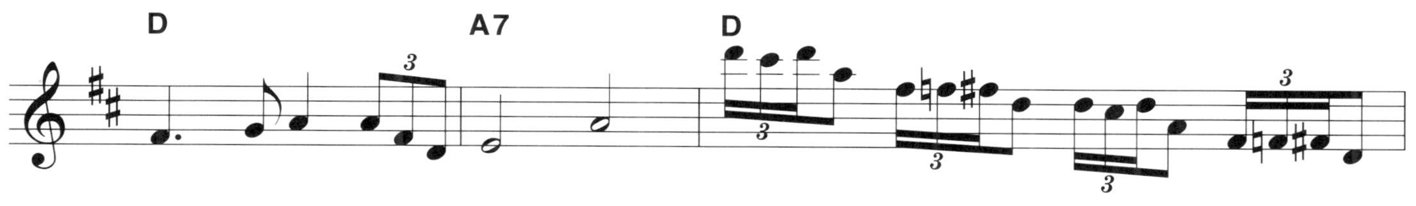

D   A7   D

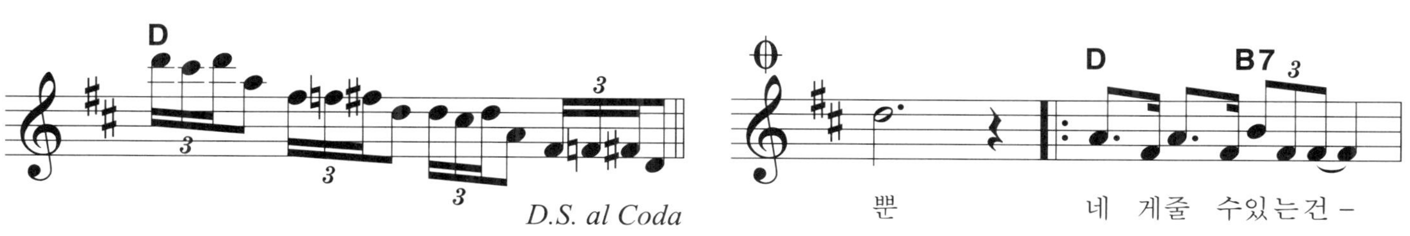

D   D   B7
D.S. al Coda   뿐   네 게줄 수있는건 -

Em   A7   D   B7   Em   A7
오 직 - 사랑뿐   네 게줄 수 있 는 건 -   오 직 - 사 랑뿐
F.O.

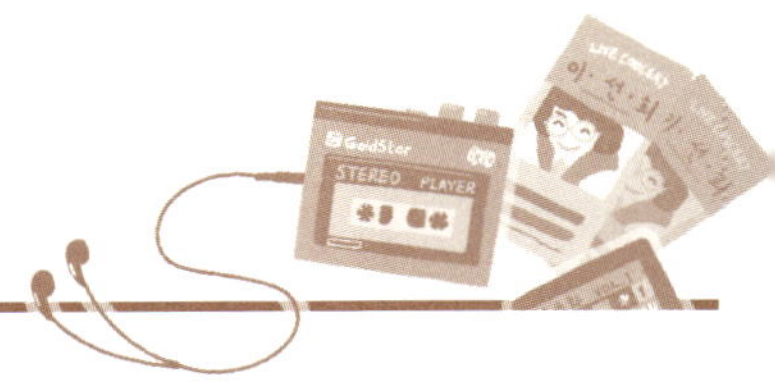

혜화동

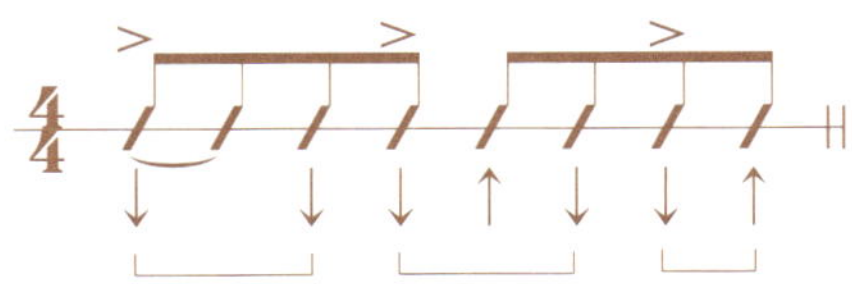

김창기 작사 | 김창기 작곡 | 동물원, 박지민 노래

C E7 F C
Am F C G7
오 늘 은
C Em Am Em
잊 고 지 - 내 던 - 친 구 에 - 게 서 전 - 화 가 왔 네 - 내 일 이 - 면
함 께 뛰 - 놀 던 - 골 목 길 - 에 서 만 - 나 자 하 네 - 내 일 이 - 면
함 께 꿈 - 꾸 던 부 푼 - 세 - 상 을 만 - 나 자 하 네 - 내 일 이 - 면
돌 아 오 - 는 날 활 짝 - 웃 - 으 며 만 - 나 자 하 네 - 내 일 이 - 면

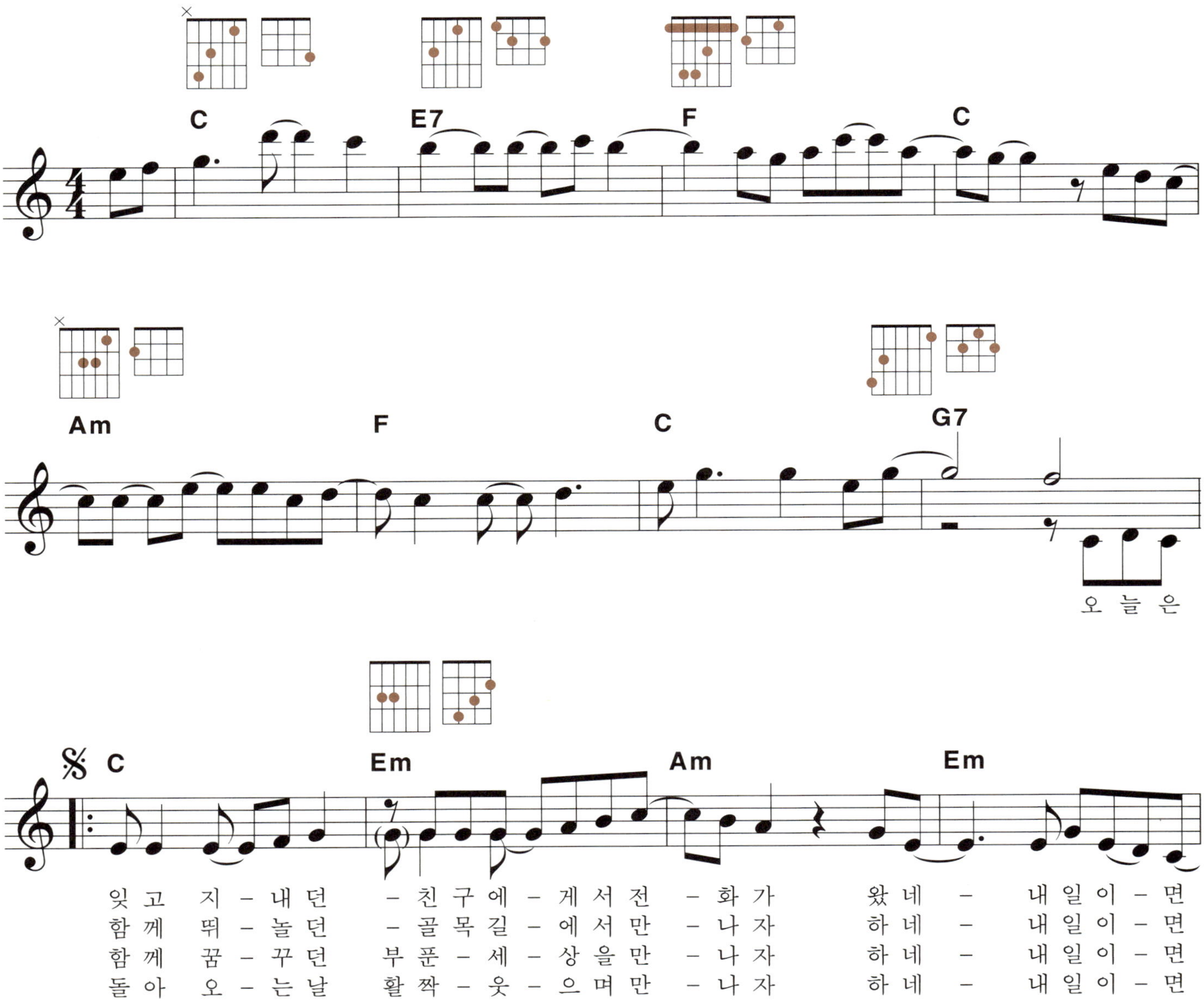

F
1. Dm   G7
－
멀 리 떠 － 나 간 － 다 고 －   어 릴 적
－   아 주 멀   언 젠 가
－
멀 리 떠 － 나 간 － 다 고 －
－   아 주 멀

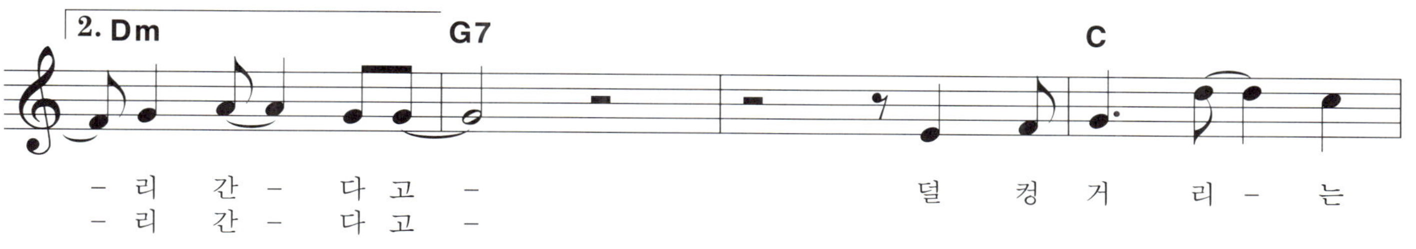

2. Dm   G7   C
－ 리 간 － 다 고 －   덜 컹 거 리 는
－ 리 간 － 다 고 －

E7   F   C   Am
전 철 을 － 타 고   찾 아 가 는 그 － 길 －   우 린 얼 － 마 나 많 은 것

F   C   G7   C
－ 을 잊 － 고   살 아 가 － 는 지 －   어 릴 적 － 넓 － 게 만

E7   F   C   Am
－ 보 이 － 던   좋 은 골 목 길 － 에 －   다 정 한 － 옛 친 － 구

F C G7 C
나 를 반 - 겨 달 려 오 - 는 데 -

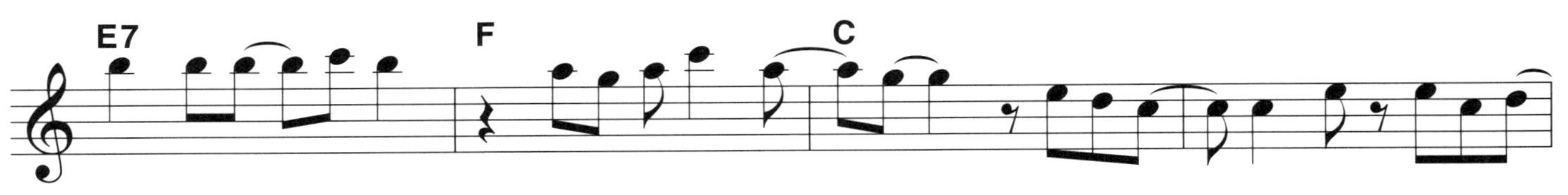

E7 F C

F C G7 G7
어 릴 적
D.S.
- 랄 랄

C E7 F C
랄 랄 - 랄 랄 랄 랄 - 랄 랄 랄 랄 랄 랄 랄 - 랄 우 린 얼

Am F C G7
- 마 나 많 은 것 - 을 잇 - 고 살 아 가 - 는 지 - 랄 랄

Repeat & F.O.

세월이 가면

최명섭 작사 | 최귀섭 작곡 | 최호섭 노래

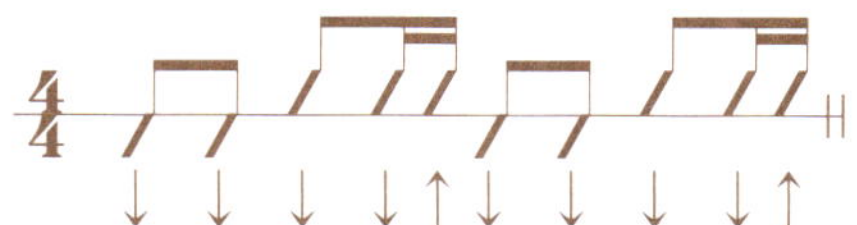

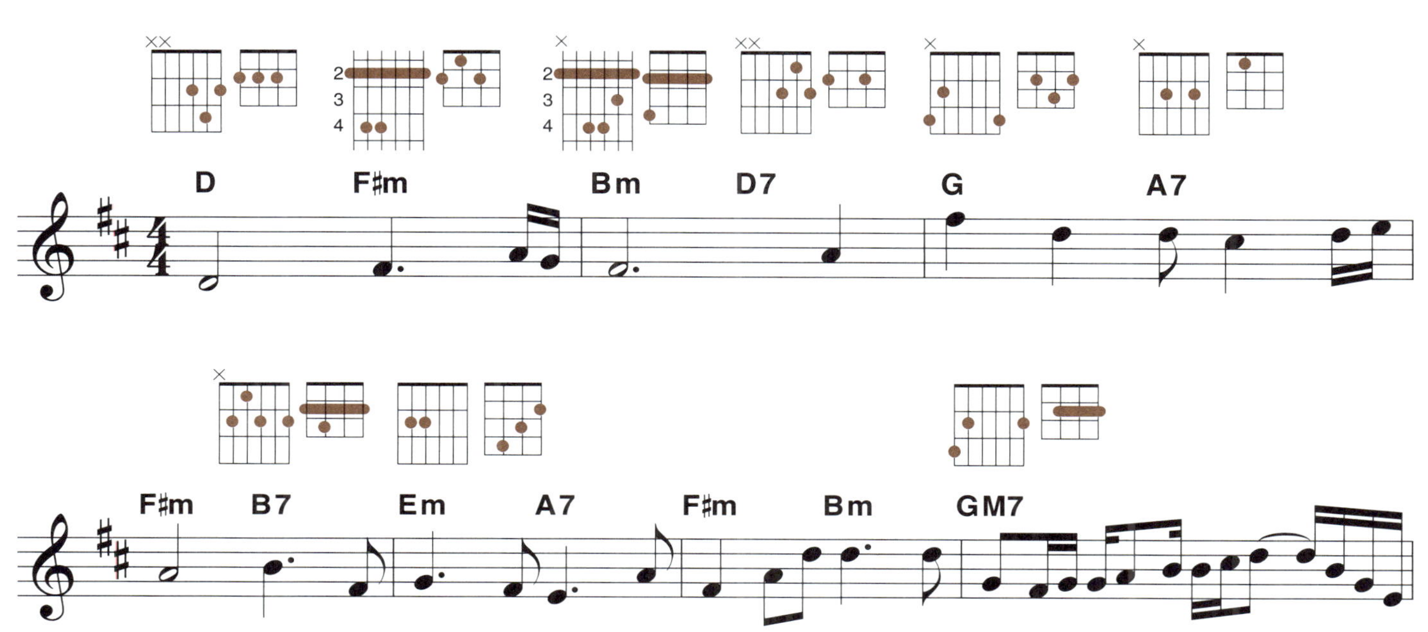

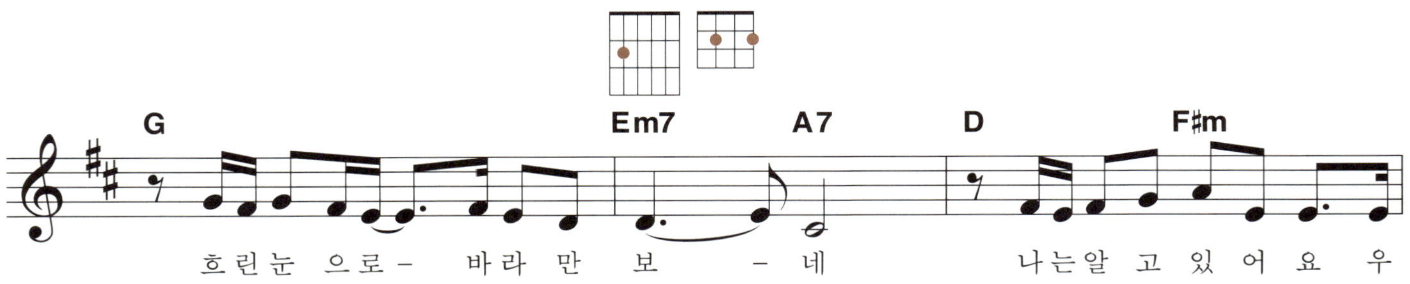

G   Em7   A7   D   F♯m
흐린눈 으로 - 바라 만 보 - 네   나는알 고 있 어 요 우

Bm   D7   G   A7   F♯m   B7
리 의사 - 랑은   이 것 이 마 지막 - 이라 - 는 것 을 - 서

G   A7   F♯m   Bm   G
로 가 원 한다 - 해도 - 영원 할 순 없 어요 -   저 흘 러가 - 는 시 간 앞 에

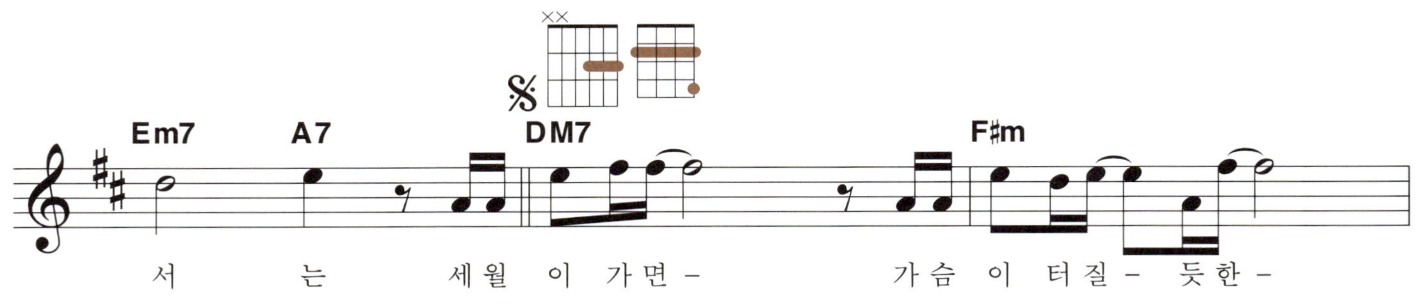

Em7   A7   DM7   F♯m
서   는   세 월 이 가면 -   가 슴 이 터질 - 듯한 -

B7   Em   Em7   G   A7
그 - 리 운 마 음 이야   잇 는 다 해도 -   한없 이   소 중 했 던   사 랑

F#m
Bm
Em7
A7
D
이 있 었 음은 - 잊 지 말고 - 기 억 해 - 줘 요

D
F#m
B7

Em
Em7
G
A7
F#m
Bm
3

G
Em7
A7
Em7
A7
D.S. al Coda
세월
지 말고 - 기 억 해 - 줘

3
4
5
D
Bm
GM7
Gm
D
요
rit.

보라빛 향기

강수지 작사 | 윤상 작곡 | 강수지, 와블 노래

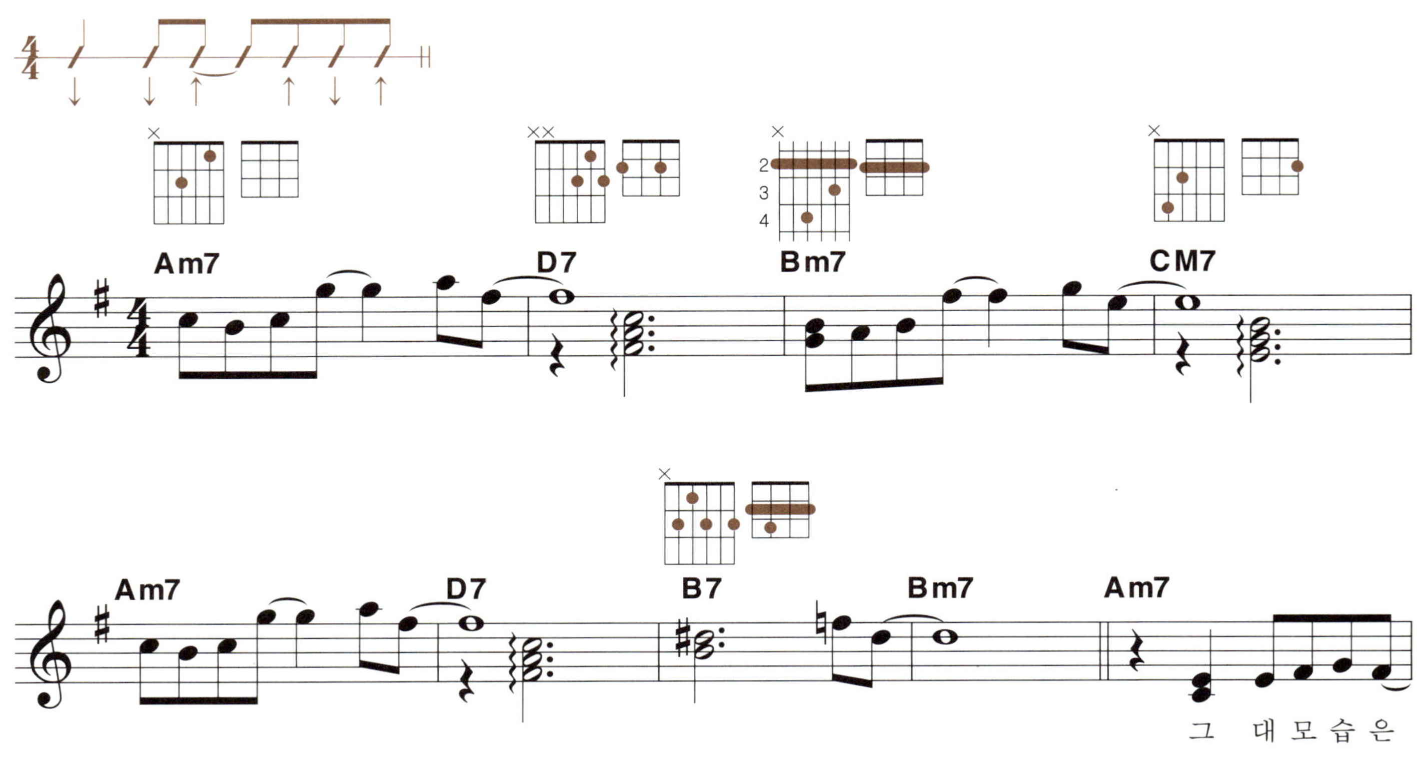

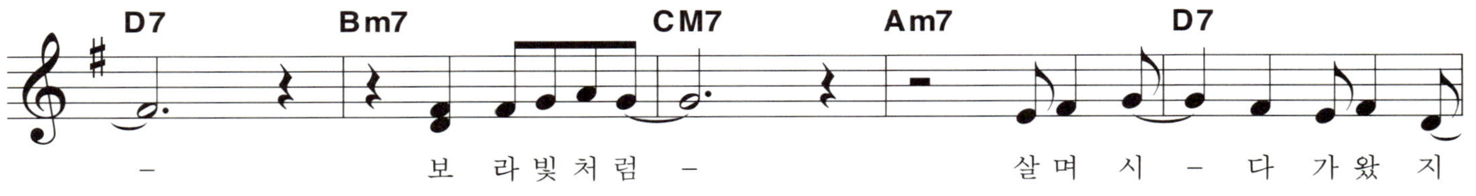

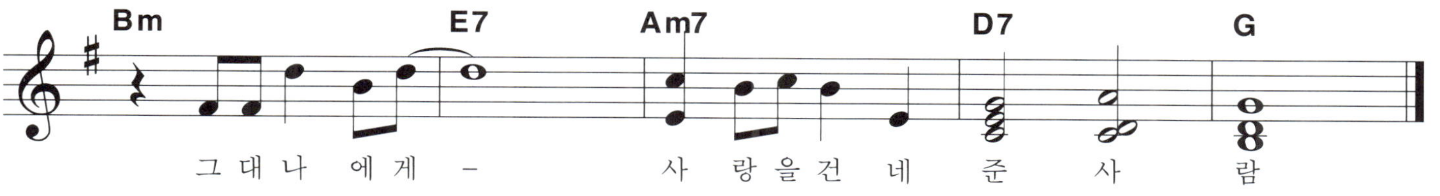

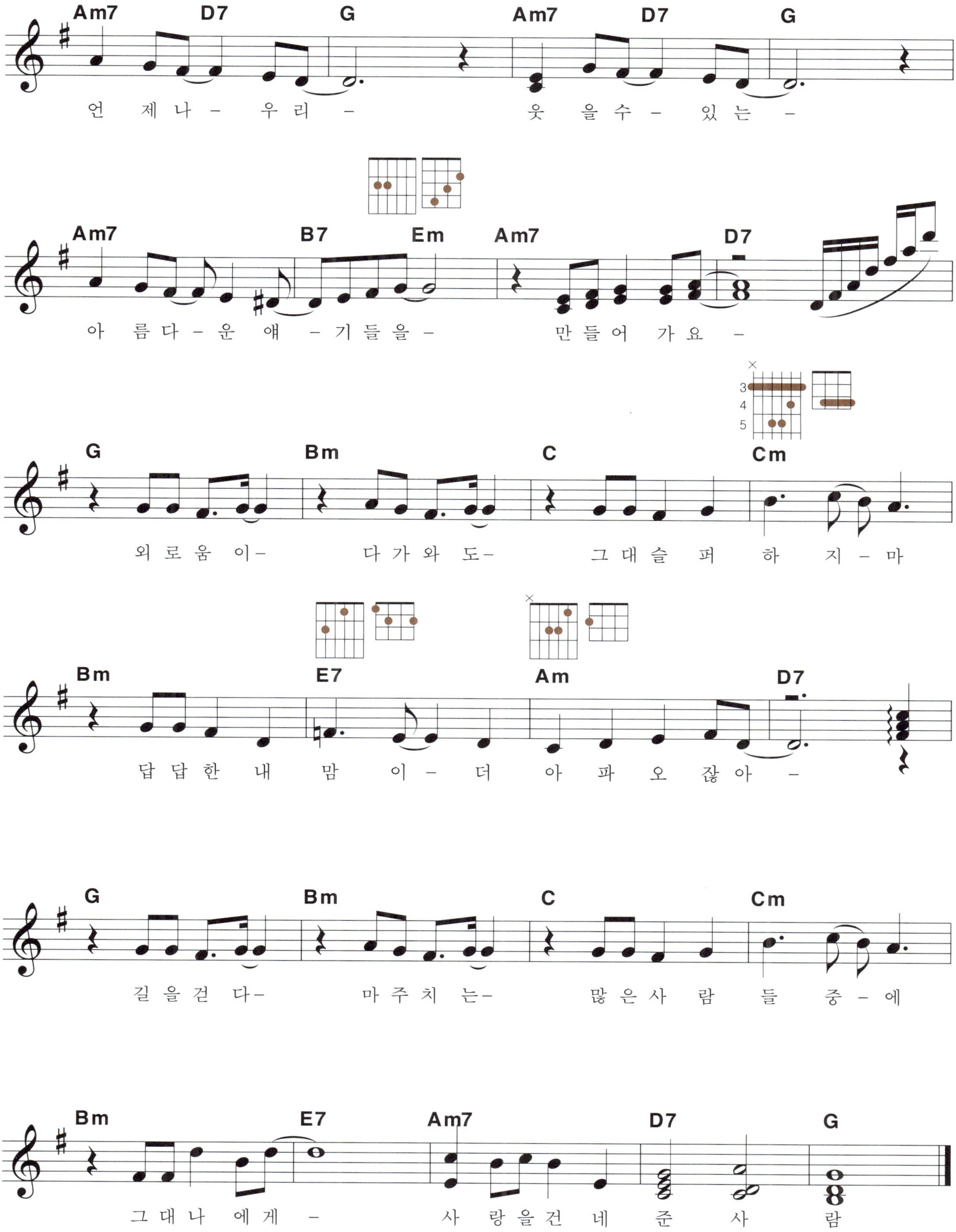
Am7 D7 G Am7 D7 G
언 제 나 – 우 리 – 웃 을 수 – 있 는 –
Am7 B7 Em Am7 D7
아 름 다 – 운 얘 – 기 들 을 – 만 들 어 가 요 –
3
4
5
G Bm C Cm
외 로 움 이– 다 가 와 도– 그 대 슬 퍼 하 지 – 마
Bm E7 Am D7
답 답 한 내 맘 이 – 더 아 파 오 잖 아 –
G Bm C Cm
길 을 걷 다– 마 주 치 는– 많 은 사 람 들 중 – 에
Bm E7 Am7 D7 G
그 대 나 에 게 – 사 랑 을 건 네 준 사 람

나 항상 그대를

김민정 작사 | 송시현 작곡 | 이선희 노래

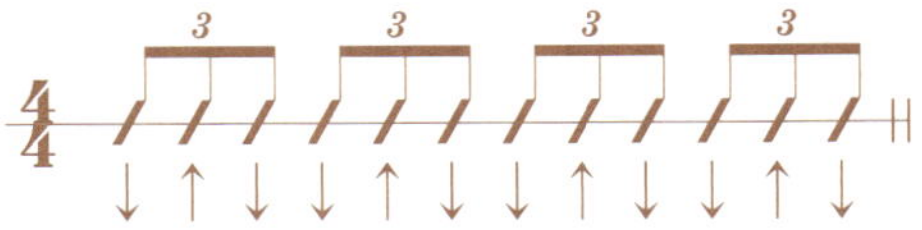

Em
C
D7
내게 돌아 와
난 온 통 그 대 생 각 뿐 이 야 -
B7
Em
C
D7
불같 은나 의사 랑
피할 수없 어
그 대 여내 게
D7
G
돌 아 와 요 -
D.S. al Coda
G
E7
-

A
F#m
D
돌아 와그 대
내게 돌아 와
난 온 통 그 대 생 각 뿐
E7
C#7
F#m
야 - - 오 - - - - -
불같 은나 의사 랑
피할 수없 어

D
E7
A
그대 여내 게 -
오 - - 돌 아 와 요 - -

이젠 그랬으면 좋겠네

조용필 작사 | 조용필 작곡 | 조용필 노래

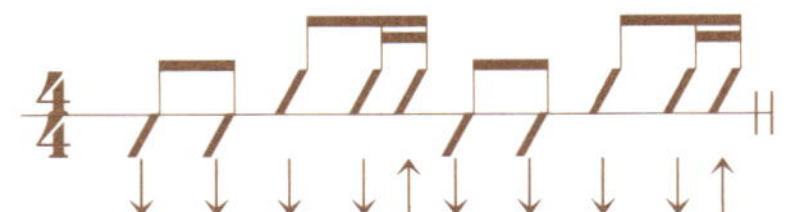

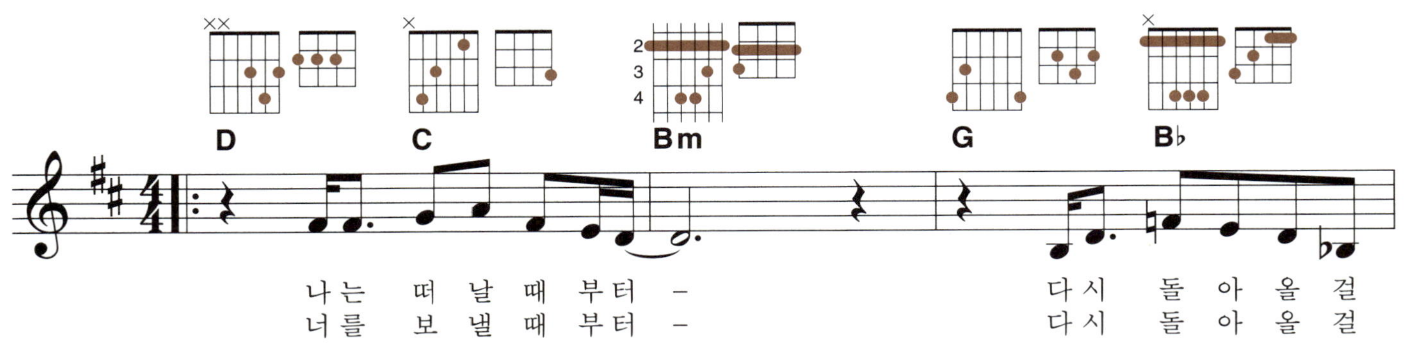

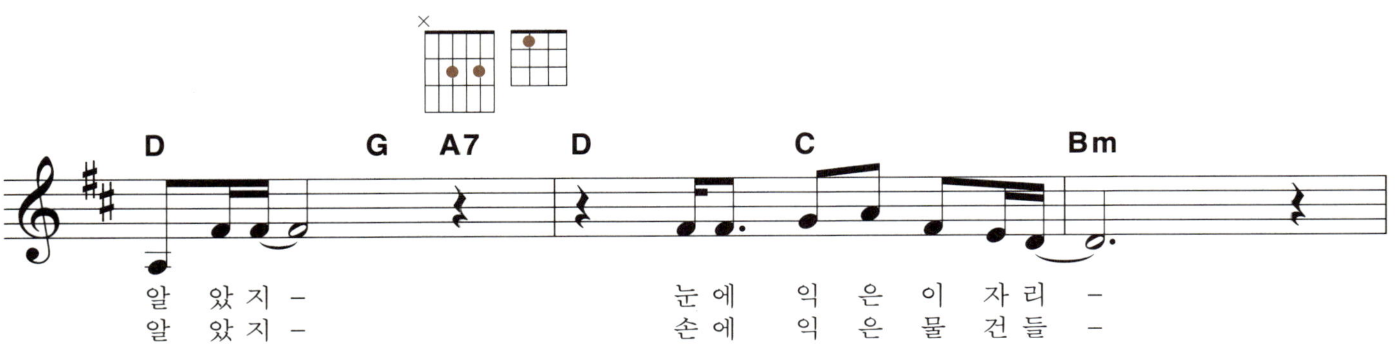

G   Bm7   G   D   Em   A7
을 안고-싶 어   소 중 - 한건모 두 -   잊 고 산 건 아 니었나

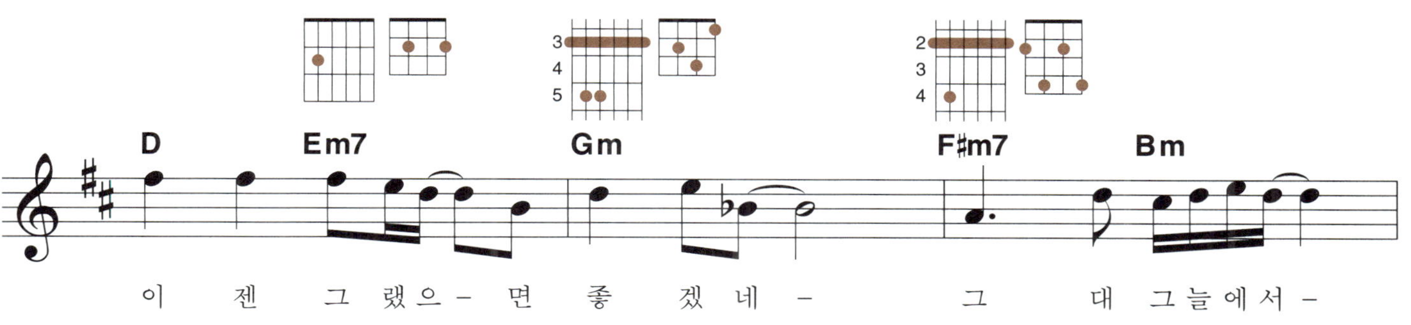

D   Em7   Gm   F#m7   Bm
이 젠 그 랬으-면 좋 겠 네 -   그   대 그 늘 에 서 -

Em7   A7   D   Em7   Gm
지 친 마 음 아 물 게 해   소 중 한 건옆 - 에 있 다 고 -

F#m7   Bm   Em7   A7   1. D   E
먼 길 떠 나 려 는 -   사 람 에 게 말 했 으 면

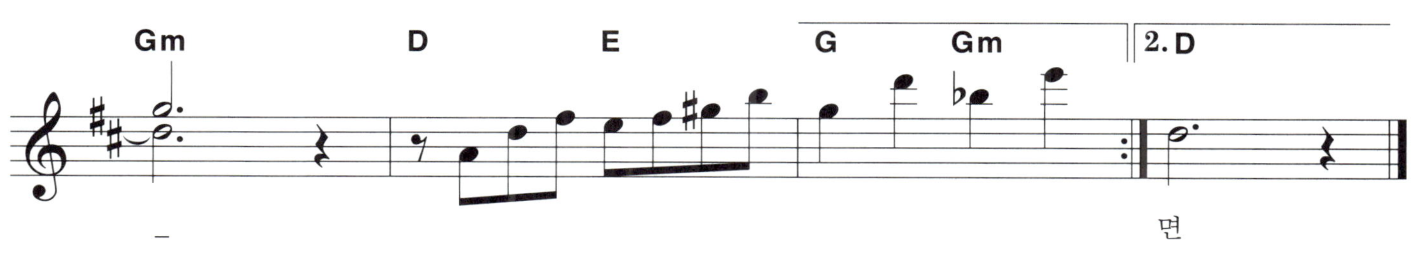

Gm   D   E   G   Gm   2. D
-    면

기억날 그날이 와도

오태호 작사 | 오태호 작곡 | 홍성민, 엔씨아 노래

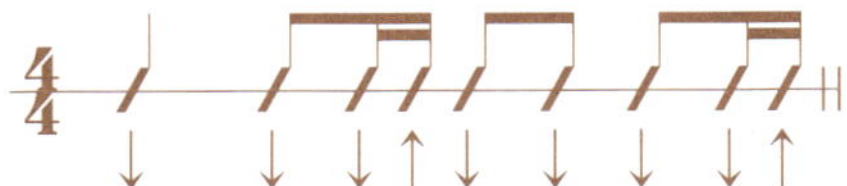

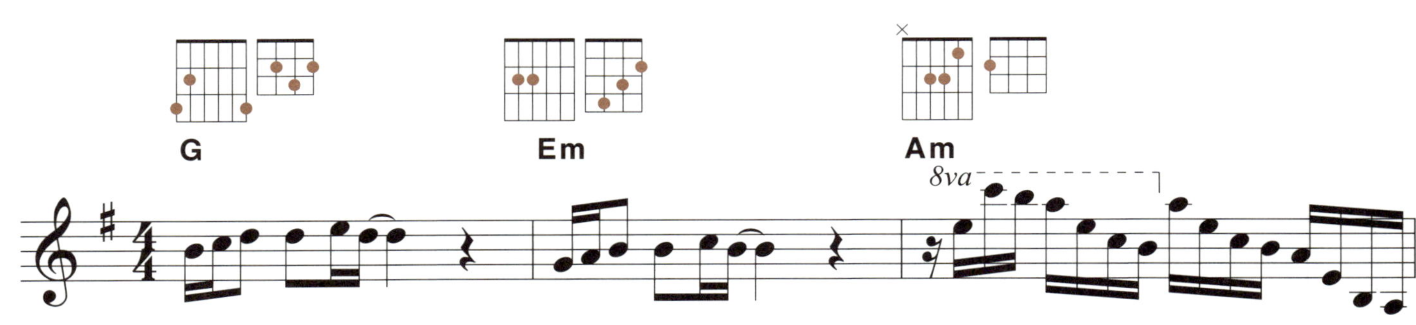

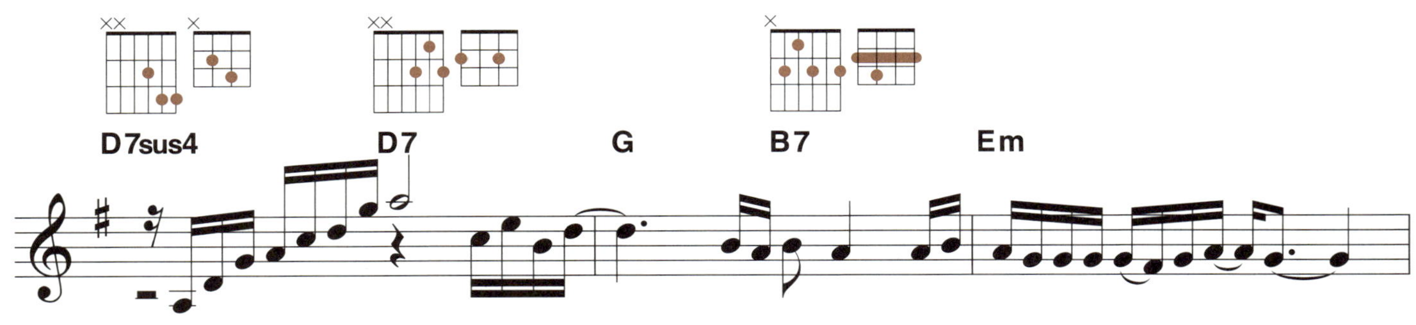

Em
C
D7
G
D7 G
행 - 복은있 었 어도 - 이별 은 아 니 었잖 아

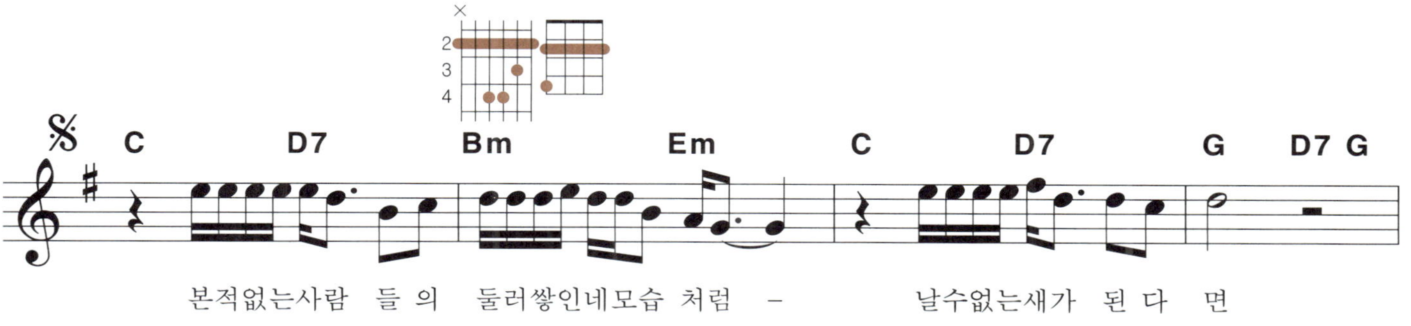

C
D7
Bm
Em
C
D7
G
D7 G
본적없는사람 들 의 둘러쌓인네모습 처럼 - 날수없는새가 된 다 면

C
D7
Bm
Em
C
D7
네가남긴그많 았 던 날 - 내사 - 랑 - - 그 대 조 용 히 떠

G
D7
G
D7
C
G
나 기 억 날 그날이와도 그땐 사 랑 이아 냐 스 치

C
Em
Am
D7
G
D7
우 는 바 람 결 에 느 낀 후 회뿐 이지 - 나 를 사 랑했대도 이젠

C G C D7 G D7 G
다 른 삶 인 걸 가 리 워 진 곳 의 슬 픔 뿐-인 걸 기 억
D.S.S.

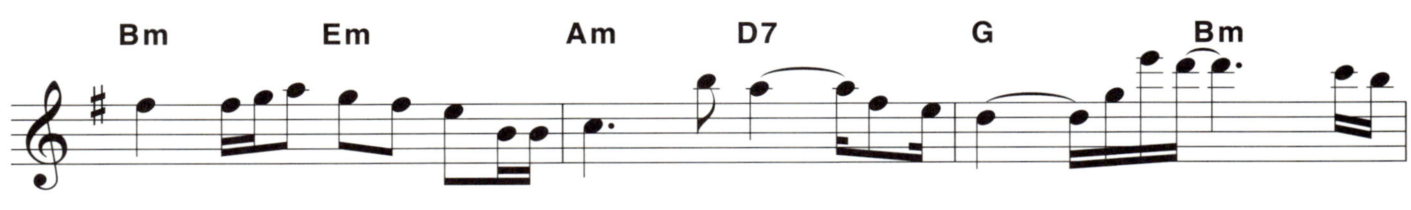

Bm Em Am D7 G Bm

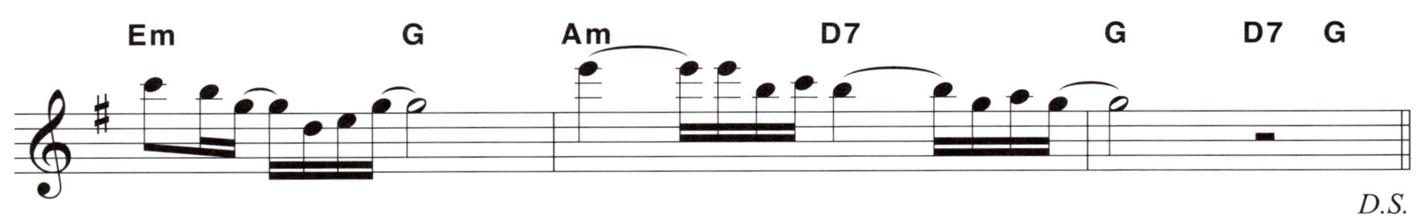

Em G Am D7 G D7 G
D.S.

G E7 A E7 D A
걸 기 억 날 그 날 이 와 도 그 땐 사 랑 이 아 냐 스 치
를 사 랑 했 대 도 이 젠 다 른 삶 인 걸 가 리

2
3
4
1.D F#m Bm E7 2.D E7 A
우 는 바 람 결 에 느 낀 후 회 뿐 이 지- 나 워 진 곳 의 슬 픔 뿐-인 걸

함께

도윤경 작사 | 박광현 작곡 | 노을 노래

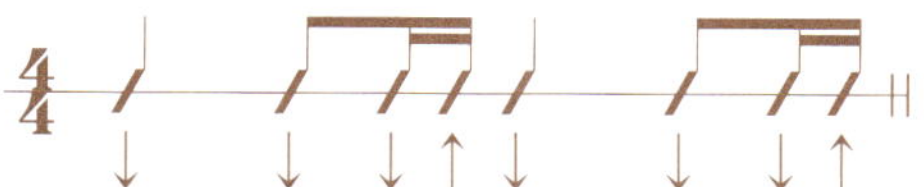

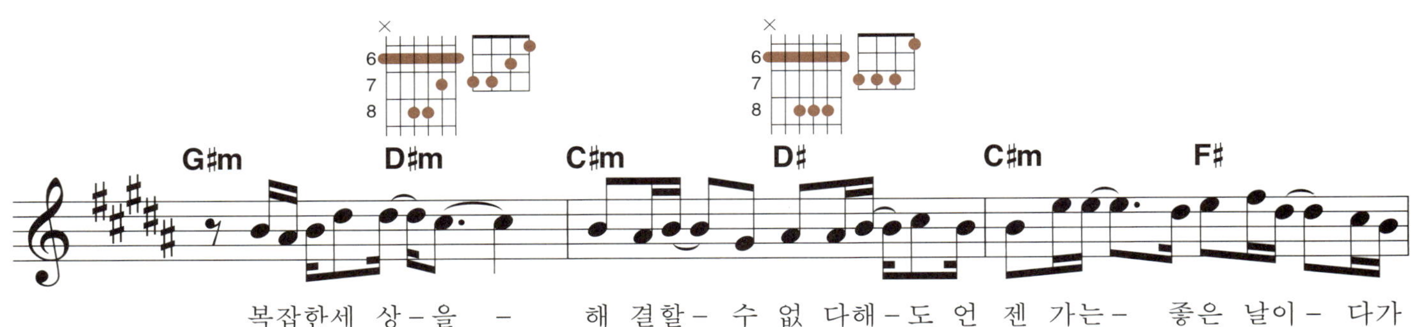

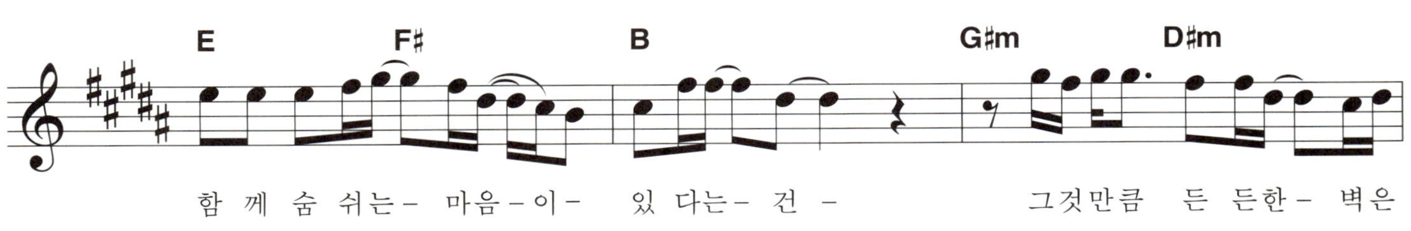

   *) 우쿨렐레는 G#m7 코드로 쉽게 연주합니다.

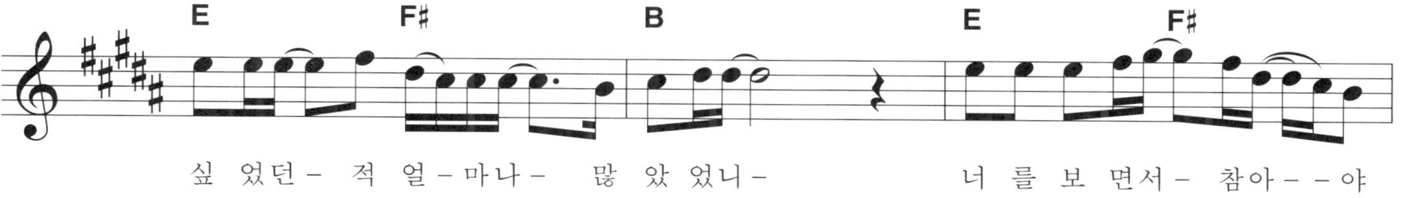

E   F#   B   E   F#
싫 었던- 적 얼-마나- 많 았 었니-   너 를 보 면서- 참 아- -야

B   G#m   D#m   C#m   D#m
했 었을- 때 -   난비로소 강 해진- 나를 볼 수있-었 어-   함께

C#m   F#   B
하는 사 - 랑이- 그렇- -게만 든 거야-   살아

E   F#   B   E   F#
간 다는- 건 이-런게- 아니 -겠 니-   함 께 숨 쉬는- 마음-이-

B   G#m   D#m   C#m   D#m
있 다는- 건 -   그것만큼 든 든한- 벽은 없을 것-같 아-   그

C#m   F#   B   6
수많은 시 런 을-이 겨내-기위 - 해서-

그대 내게 다시

노영심 작사 | 김형석 작곡 | 변진섭 노래

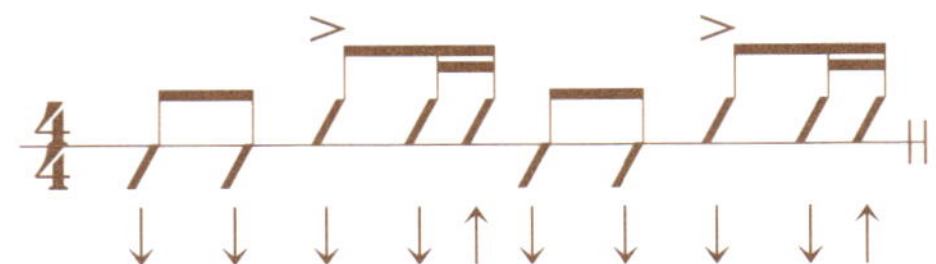

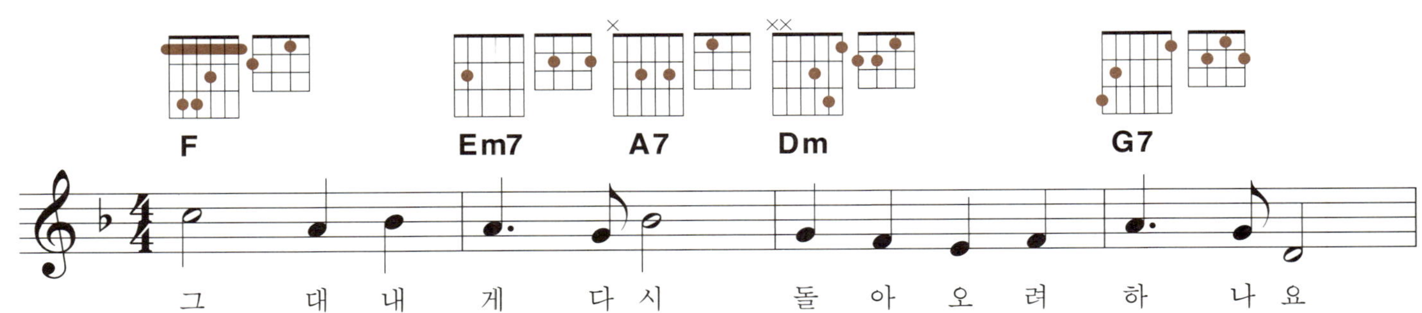

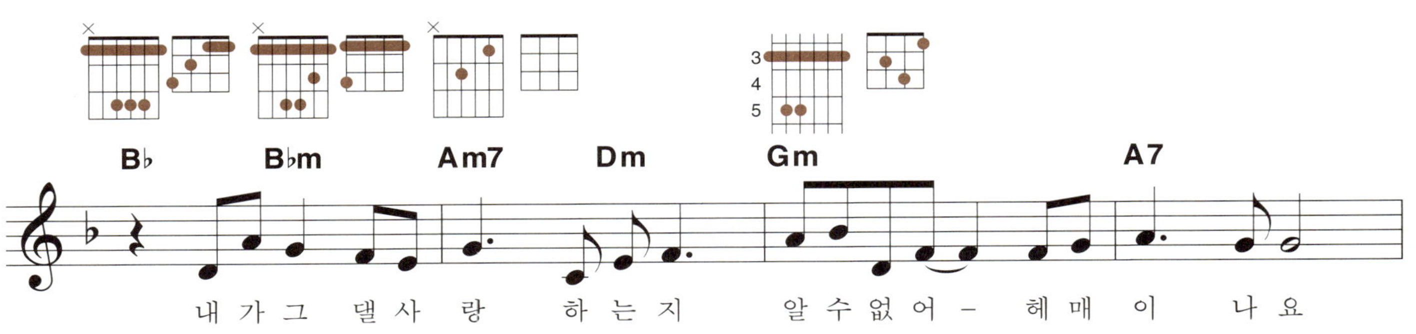

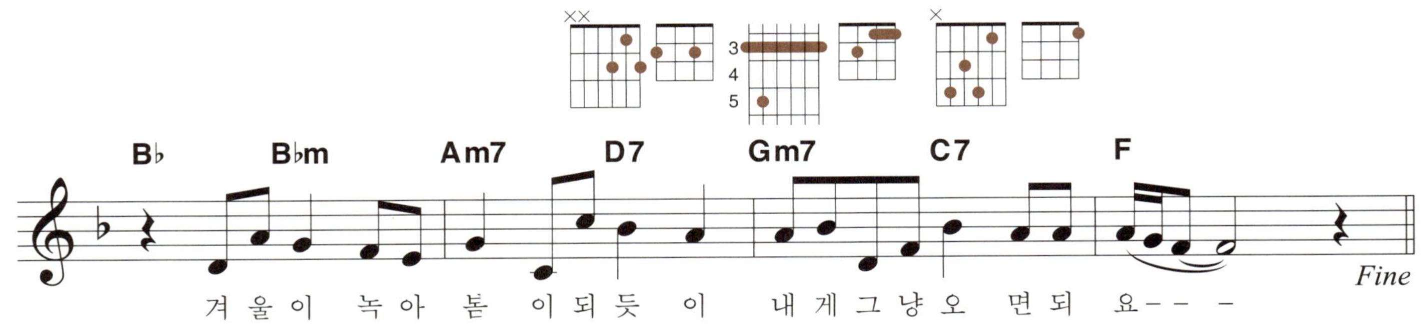

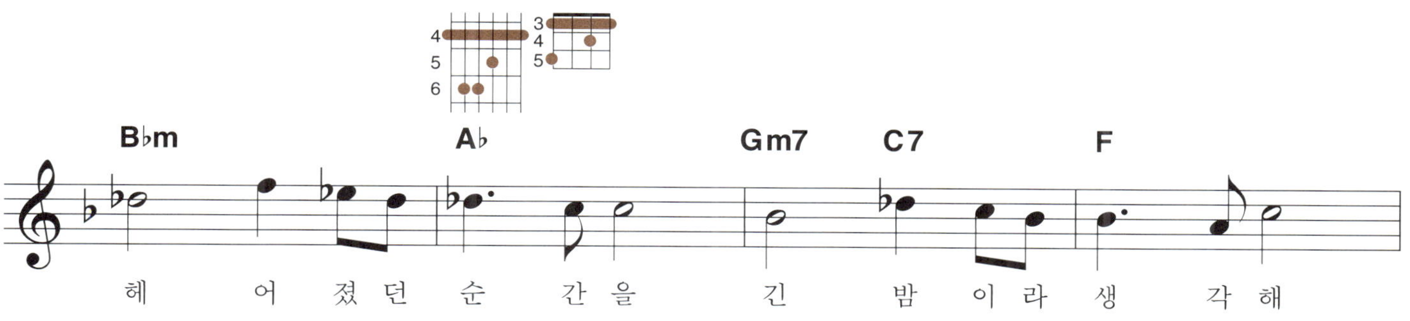

Bbm   Ab   Gm7   C7   F
헤 어 졌 던 순 간 을 긴 밤 이 라 생 각 해

Bb   Bbm   Am7   D7   Gm
그 댈 향 한 내 마 음 － － － 이 렇 게 도 서 성

A7   Bb   Bbm   Am7
이 는 데 왜 망 설 이 고 있 나 요 뒤－돌 아 보 지

Dm7   Gm7   Bbm   Am   D7
말 아 요 우 리 헤 어 졌 던 날 보 다 만 날 날 이

Gm7   C   C7   8
더 욱 서 로 많 － 은 데 －
D.C.

이젠 잊기로 해요

이장희 작사 | 이장희 작곡 | 김완선, 여은 노래

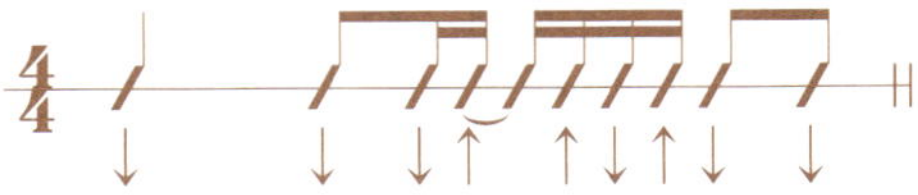

라랄 랄 – 라 라랄 랄 – 라
라랄 랄 – 라 라랄 랄 – 랄 라
라랄 라
라랄 랄 – 라 라랄 랄 – 라
라랄 랄 – 라 라랄 랄 – 랄 라
라랄 – 라
이젠 잊 – 기 로 해 요
이젠 잊 – 어 야 해 요
사람 없 – 는 성 당에 – 서 무릎 꿇 – 고 기도 했 던 것 잊어 요
그대 생 – 일 그 대에 – 게 선물 했 – 던 모든 의 미 를 잊어 요

A   C#m7   F#m   C#m7
사람 없– 는 성 당에– 서 무릎 끓– 고 기도 했던 것   잊어 요
술취 한– 밤 그 대에– 게 고백 했– 던 모든 일들 을   잊어 요

D   A   Bm7   E
그대 생– 일 그대 에– 게 선 물했– 던 모든 의미 를   잊어 – 요
눈오 던– 날 같이 걷– 던 영 화처– 럼 그좋 았던 걸   잊어 – 요

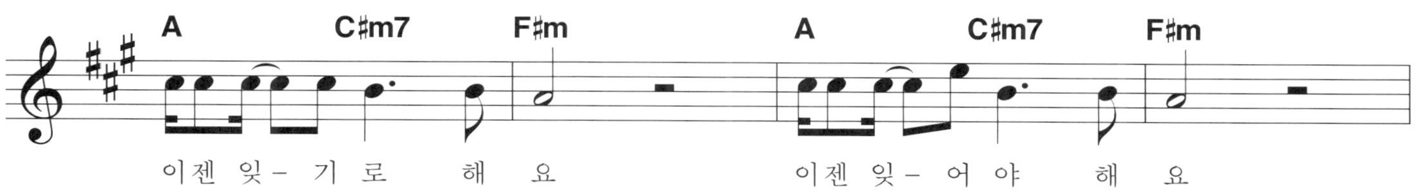

A   C#m7   F#m   A   C#m7   F#m
이젠 잊– 기로 해요   이젠 잊– 어야 해요

D   A   Bm7   E

A   C#m7   F#m   C#m7
라랄 랄– 라 라랄 랄– 라 라랄 랄– 라 라랄랄– 랄 라   라랄   라

D   A   Bm7   E7
라랄 랄– 라 라랄 랄– 라 라랄 랄– 라 라랄랄– 랄 라   라랄 – 라

첫 눈이 온다구요

김정신 작사 | 이정석 작곡 | 이정석 노래

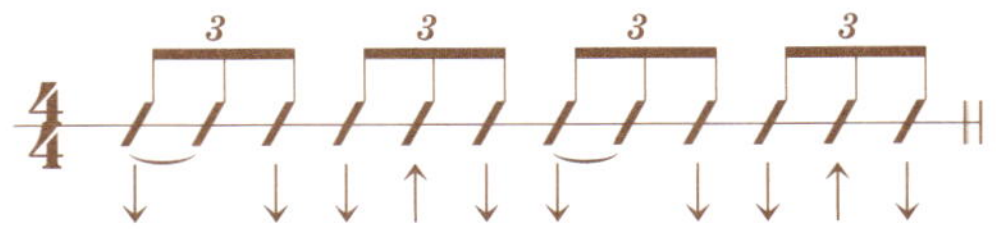

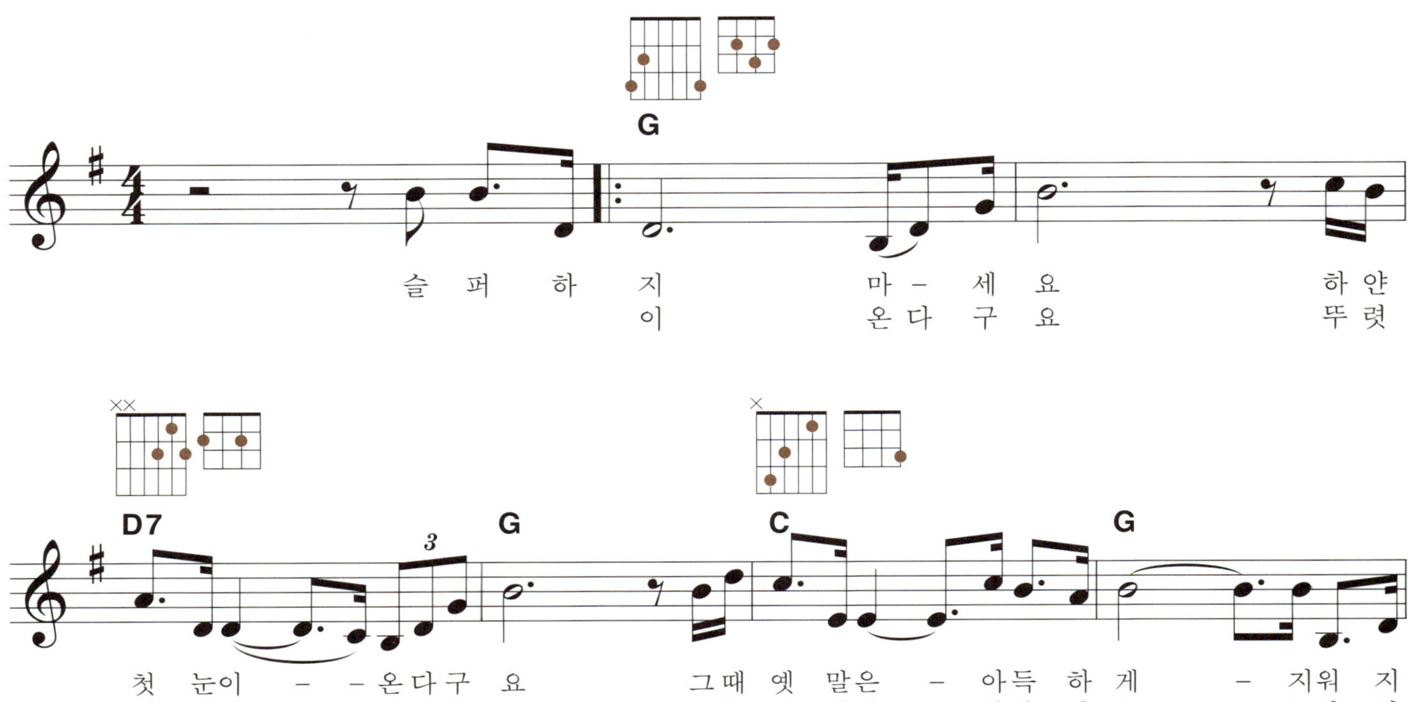

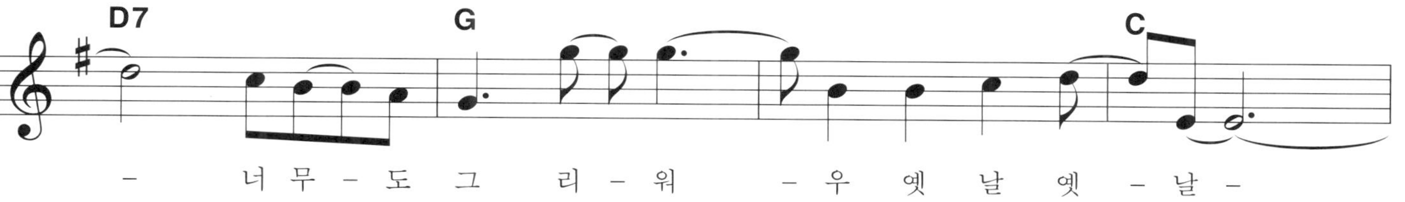

너 무 - 도 그 리 - 워 - 우 옛 날 옛 - 날 -

- 포 근 - 한 추 억 - 이 - 고 드 - 름 녹 이 - 듯

- 눈 시 - 울 적 시 네 - 슬 퍼 하 지 말 - 아

요 하 얀 첫 눈 이 - - 온 다 구 요 그 리 운 사 람 - 올 것 같

아 - 문 을 열 고 - 내 다 보 네 아 스 라 네

너에게로 또다시

박주연 작사 | 하광훈 작곡 | 변진섭 노래

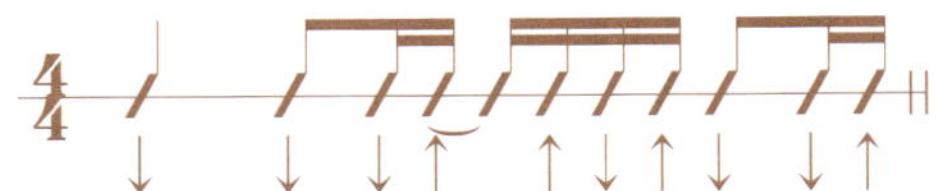

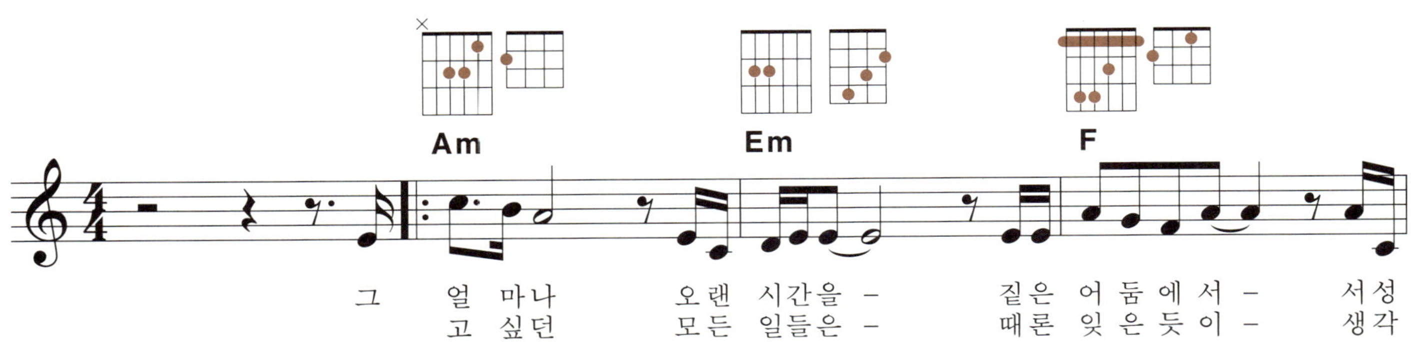

Am Em F
그 얼마나 오랜 시간을 - 짙은 어둠에서 - 서성
고 싶던 모든 일들은 - 때론 잊은 듯이 - 생각

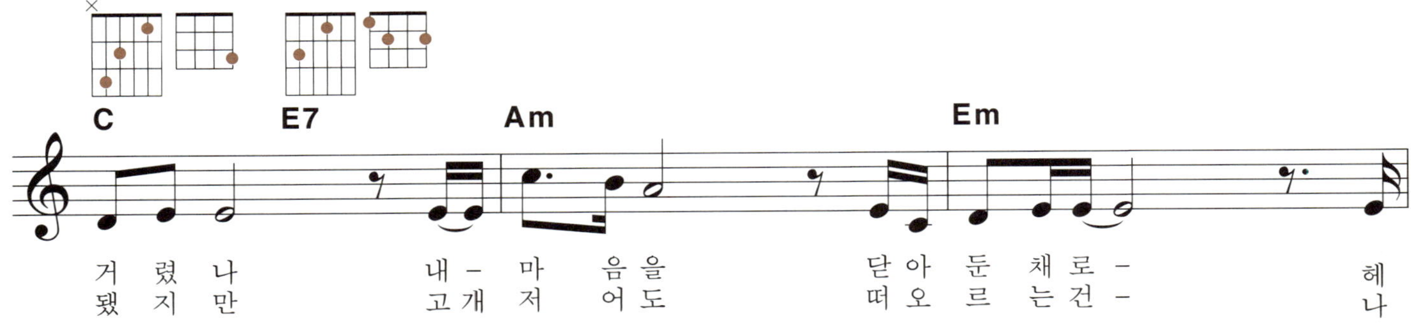

C E7 Am Em
거렸나 내 - 마음을 닫아 둔 채로 - 헤
됐지만 고개 저어도 떠오르는건 - 나

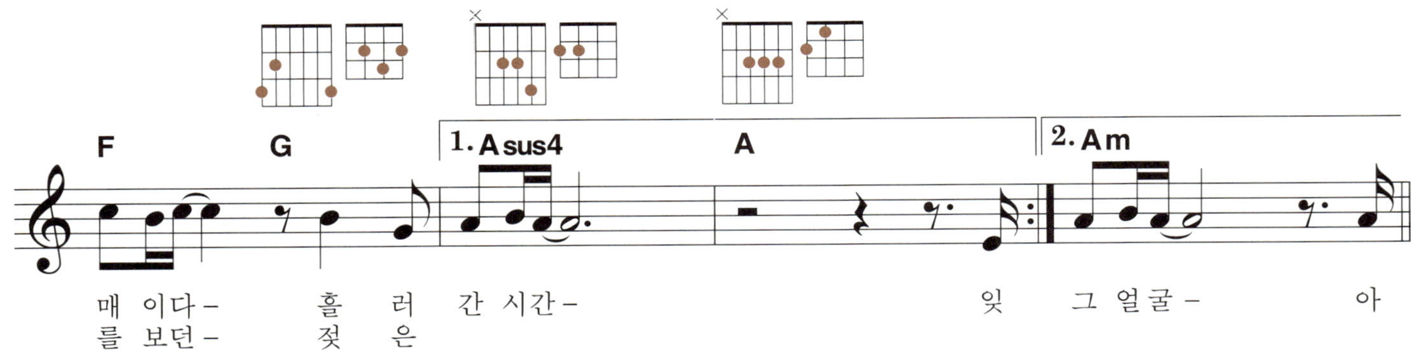

F G 1. Asus4 A 2. Am
매 이다 - 흘러 간 시간 - 잊 그 얼굴 - 아
를 보던 - 젖은

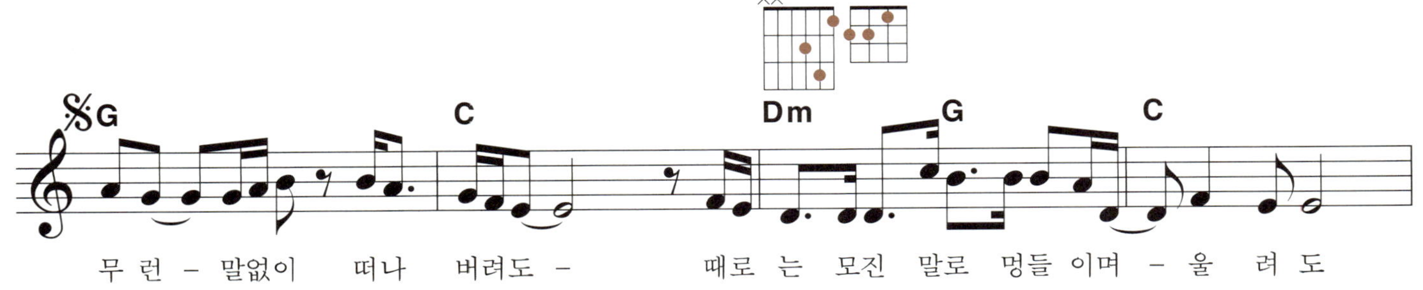

G C Dm G C
무런 - 말없이 떠나 버려도 - 때로 는 모진 말로 멍들 이며 - 울 려 도

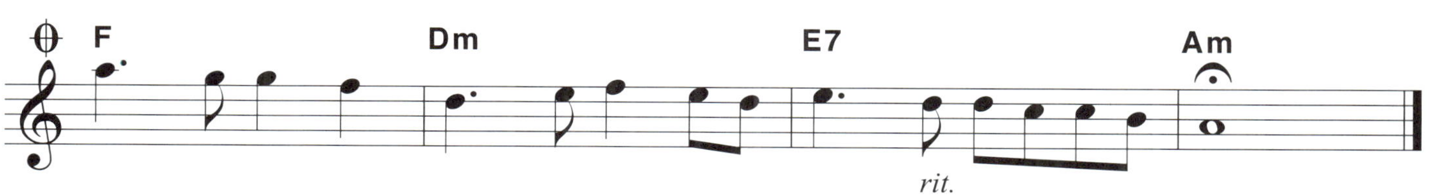

*) 우쿨렐레는 E7 코드로 쉽게 연주합니다.

슬픈 인연

박건우 작사 | 김명곤 작곡 | 나미 노래

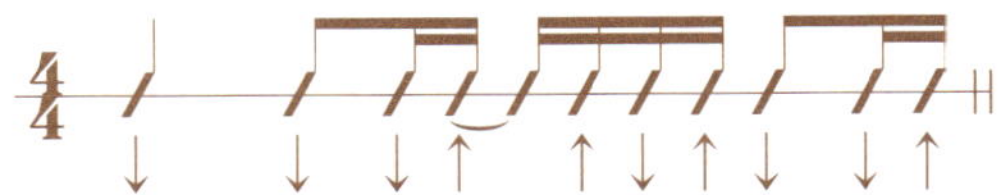

A　C#m　D　E7　A

D　1. C#m　F#m7　Bm7　B7　E7

2. C#m　F#m　Bm7　E7　A

D　C#m　Bm7　E7　A

D   C#m   Bm7   B7   E7
아 나의곁으로 다시돌아올거야 - 그러나

A   D   A   D   Bm7   E7   A
그 시절에- 너를또만나서- 사랑할수있을까- 흐르는

A   D   A   D   Bm7   E7   A
그 세월에- 나는또얼마나- 많은눈물을- 흘리려나- 그러나

A   D   A   D   Bm7   E7
그 시절에- 너를또만나서- 사랑할수있을까

A   A   D   A   D
- 흐르는그 세월에- 나는또얼마나- 많은
Bm7   E7   A   F#m   DM7   E7   A
눈물을- 흘리려나- - -

그 아픔까지 사랑한 거야

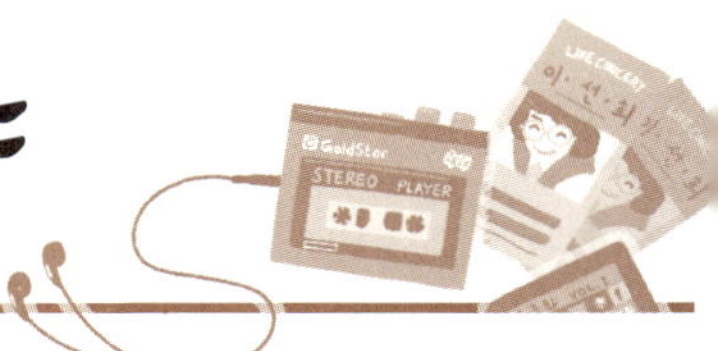

이지영 작사 | 신재홍 작곡 | 조정현 노래

리 고 - 외롭던 밤 이 지 나면 - 멀 리서 - 들 려 오는 -

새 벽 종 소리 - 혼 자 만의 사 랑은 슬 퍼 지 는 거 라 - 말하지

말 아 요 - 그 대 향한 그 리움은 나 만의 것 인 데 - - -

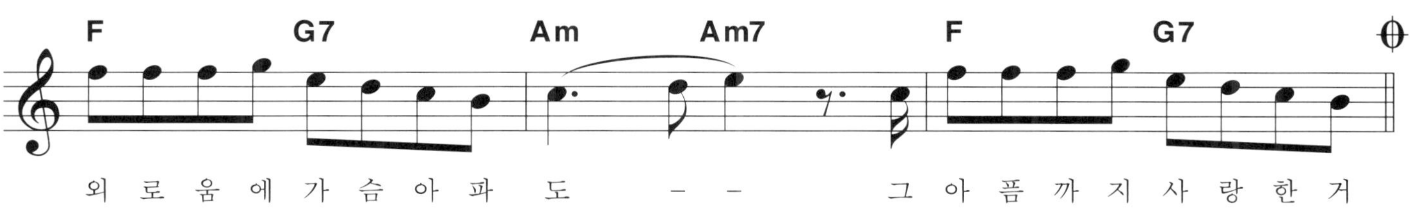

외 로 움 에 가 슴 아 파 도 - - 그 아 픔 까 지 사 랑 한 거

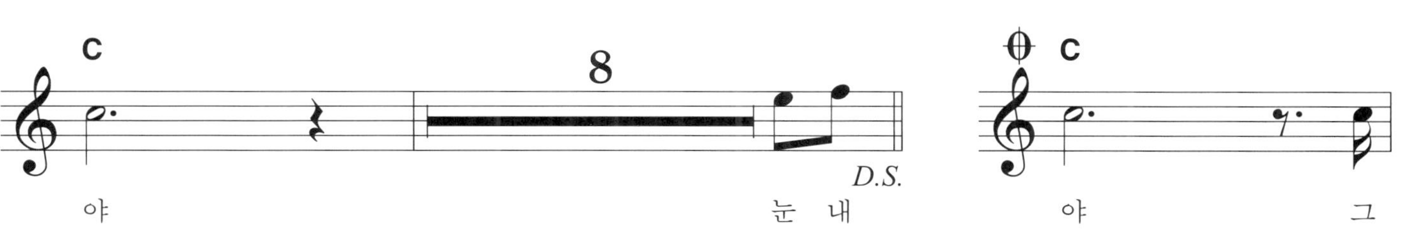

야 눈 내 야 그

아 픔 까 지 사 랑 한 거 야 그 아 픔 까 지 사 랑 한 거 야

이별이란 없는거야

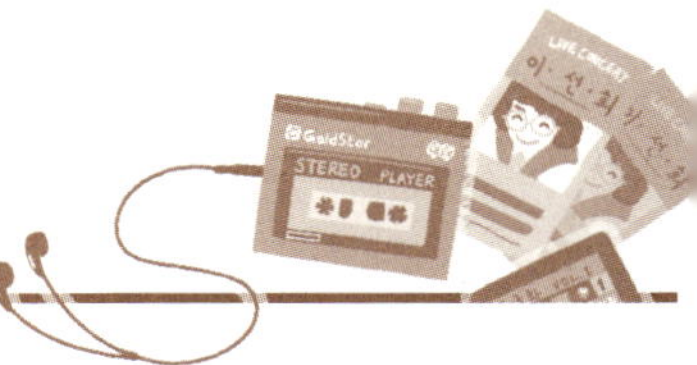

최성원 작사 | 최성원 작곡 | 최성원 노래

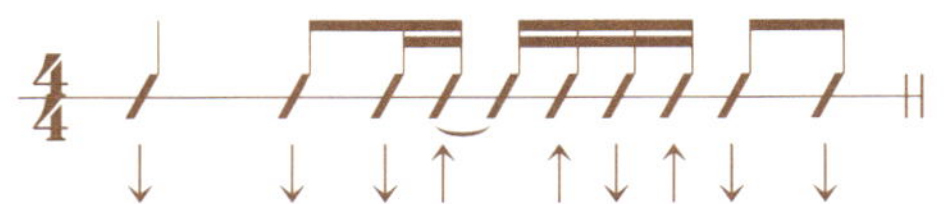

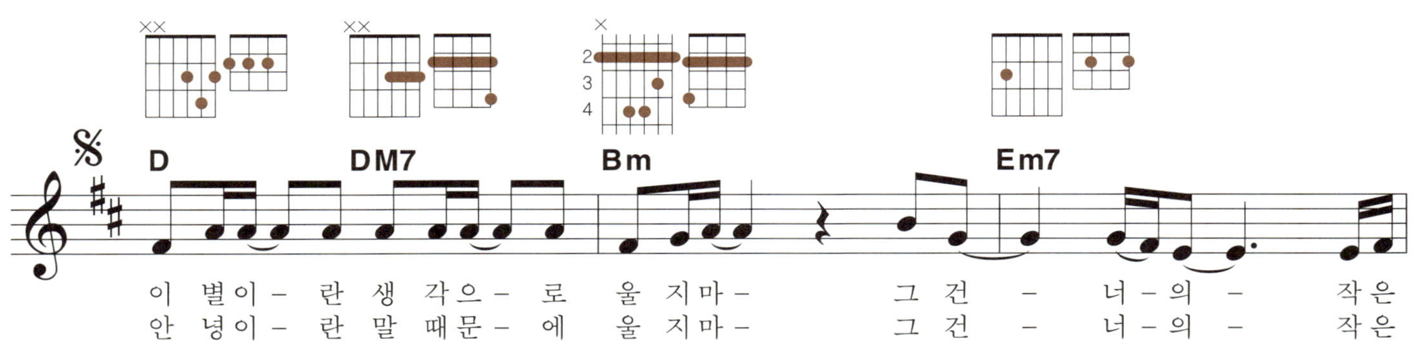

D   DM7   Bm   Em7
이 별이- 란 생 각으- 로 울 지마-   그 건 - 너 -의 - 작은
안 녕이- 란 말 때문- 에 울 지마-   그 건 - 너 -의 - 작은

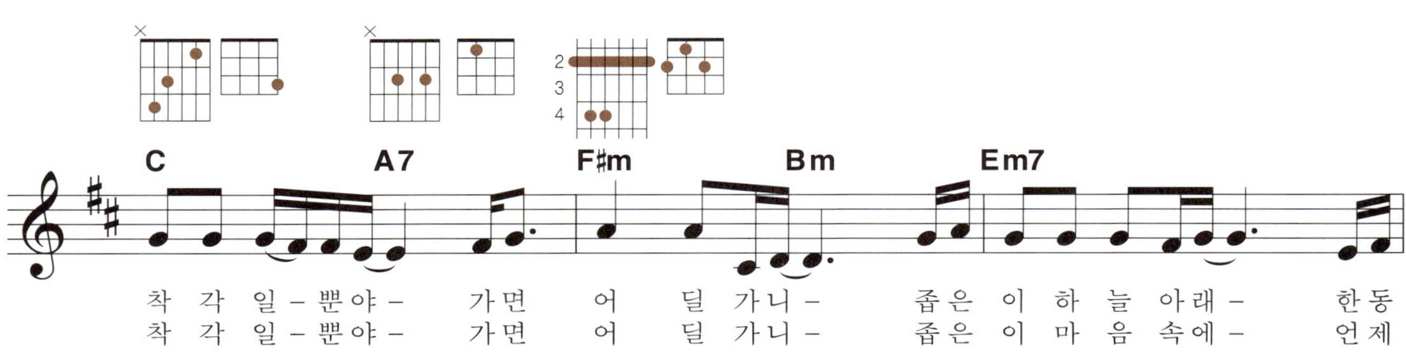

C   A7   F#m   Bm   Em7
착 각 일-뿐야- 가면 어 딜 가니-   좁은 이 하 늘 아래-   한 동
착 각 일-뿐야- 가면 어 딜 가니-   좁은 이 마 음 속에-   언제

C   A7   Bm   F#m
안 둘 이 서로-   멀 리 있 는 걸 텐데-   웃 으며 -   나 를보- 내
나 별 빛 처럼-   너 는 반 짝 일 텐데-   웃 으며 -   나 를보- 내

G   Bm   F#m   G   C   A7sus4
줘   언 젠 가   만 나겠- 지 새 로 운 모 - - 습 - 으로 -
눠   언 젠 가   만 나겠- 지 새 로 운 마 - - 음 - 으로 -

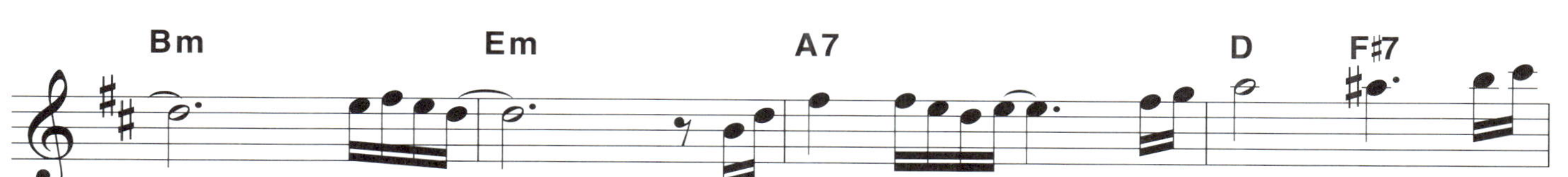

A7 D F#7 Bm Em
- 이 별 - 이 란 말- - 은 없 - 는 거 야 - 이 좁 은 하 - 늘 아
A7 D F#7 Bm
- 랜 - - 안 녕 - 이 란 말 - - 은 없 - 는 거 야 -
Em A7 D A7 D F#7
이 세 상 떠 - 나 기 전 - 에 -
Bm Em A7 D F#7
Bm G
D.S. al Coda
D A7
- 에 - 이 별
D F#7 Bm Em A7
- 이 란 말 - - 은 없 - 는 거 야 - 이 좁 은 하 - 늘 아 - 랜 - - 안 녕
D F#7 Bm Em A7 D
- 이 란 말 - - 은 없 - 는 거 야 - 이 세 상 떠 - 나 기 전 - 에 -
F.O.

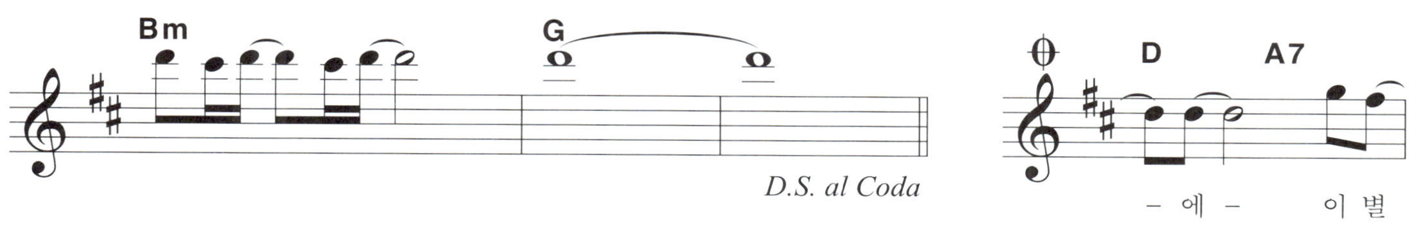

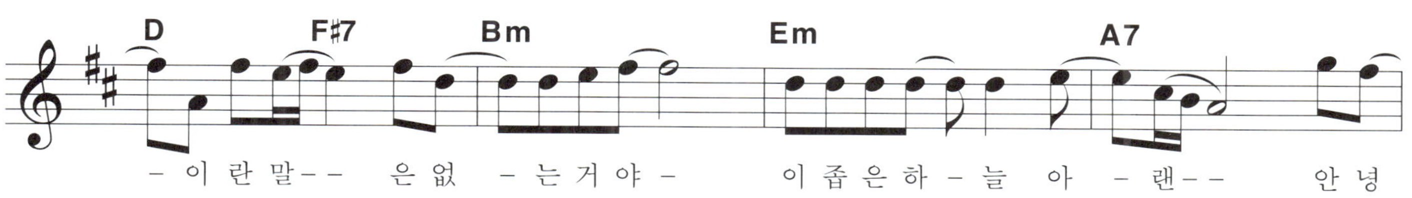

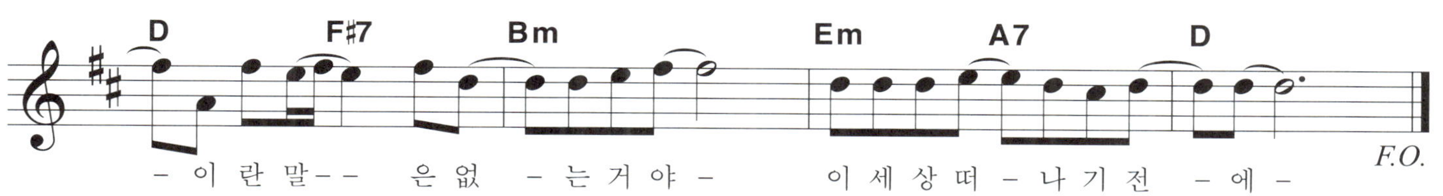

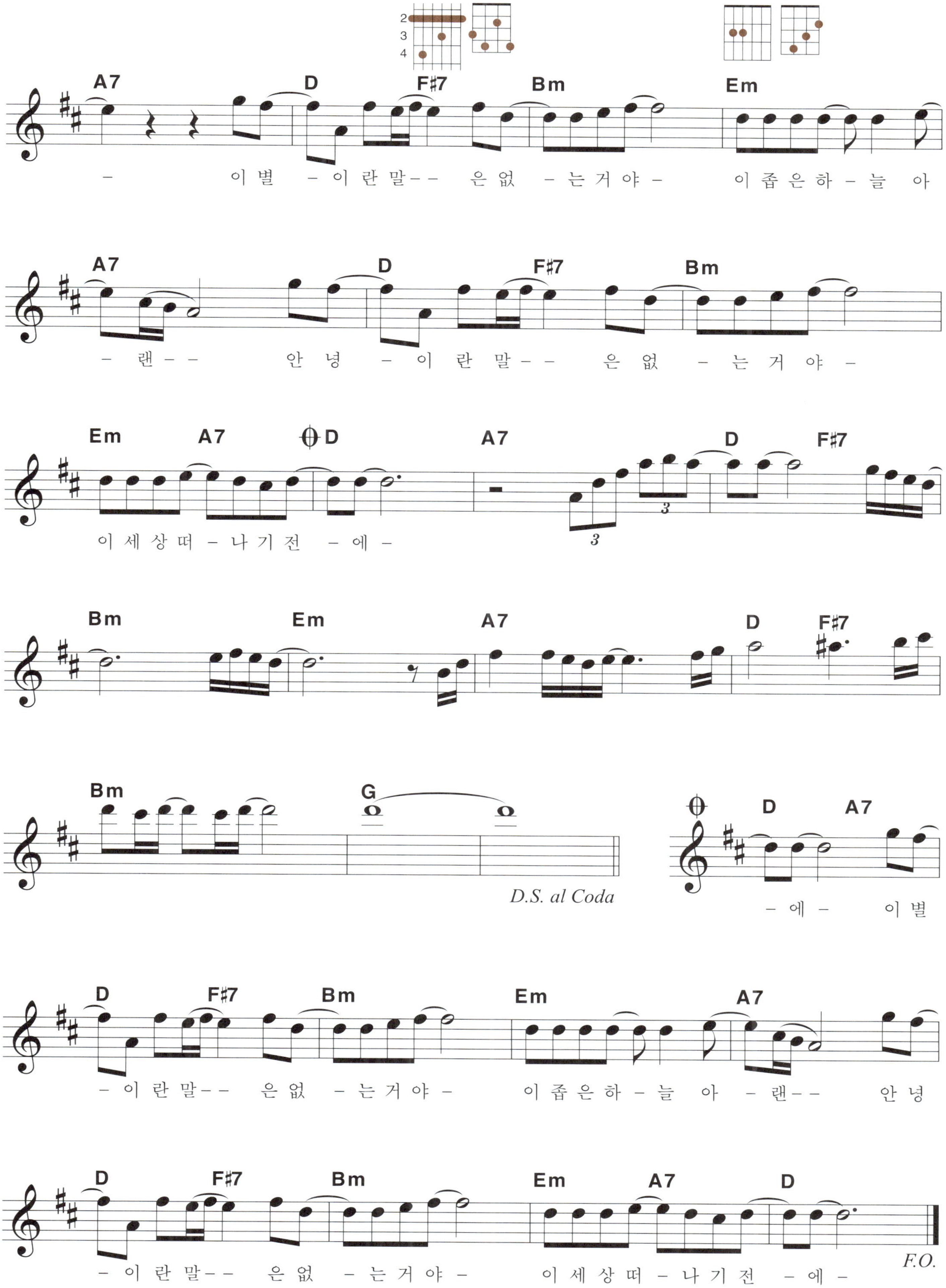

이밤을 다시 한번

조하문 작사 | 조하문 작곡 | 조하문 노래

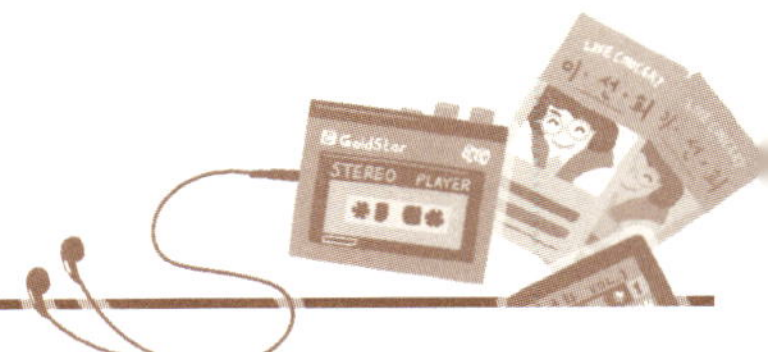

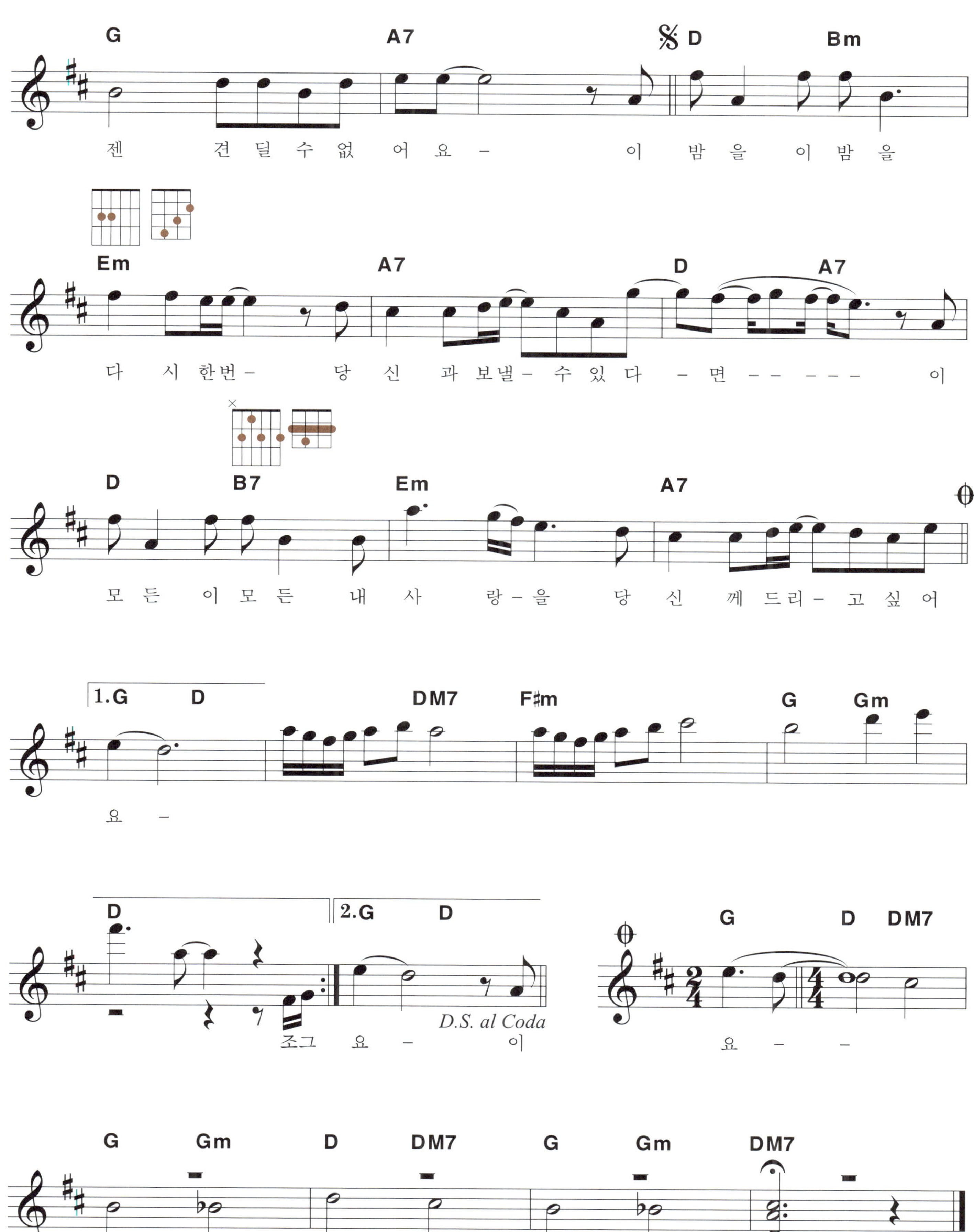
젠 견딜수없어요 - 이 밤을 이 밤을
다 시 한번 - 당 신 과 보낼 - 수 있 다 - 면 - - - - - 이
모 든 이 모 든 내 사 랑 - 을 당 신 께 드리 - 고 싶 어
요 -
조그 요 - 이
요 - -
rit.

기다린 날도 지워질 날도

오태호 작사 | 오태호 작곡 | 이승환 노래

   *) 우쿨렐레는 F#m코드로 쉽게 연주합니다.

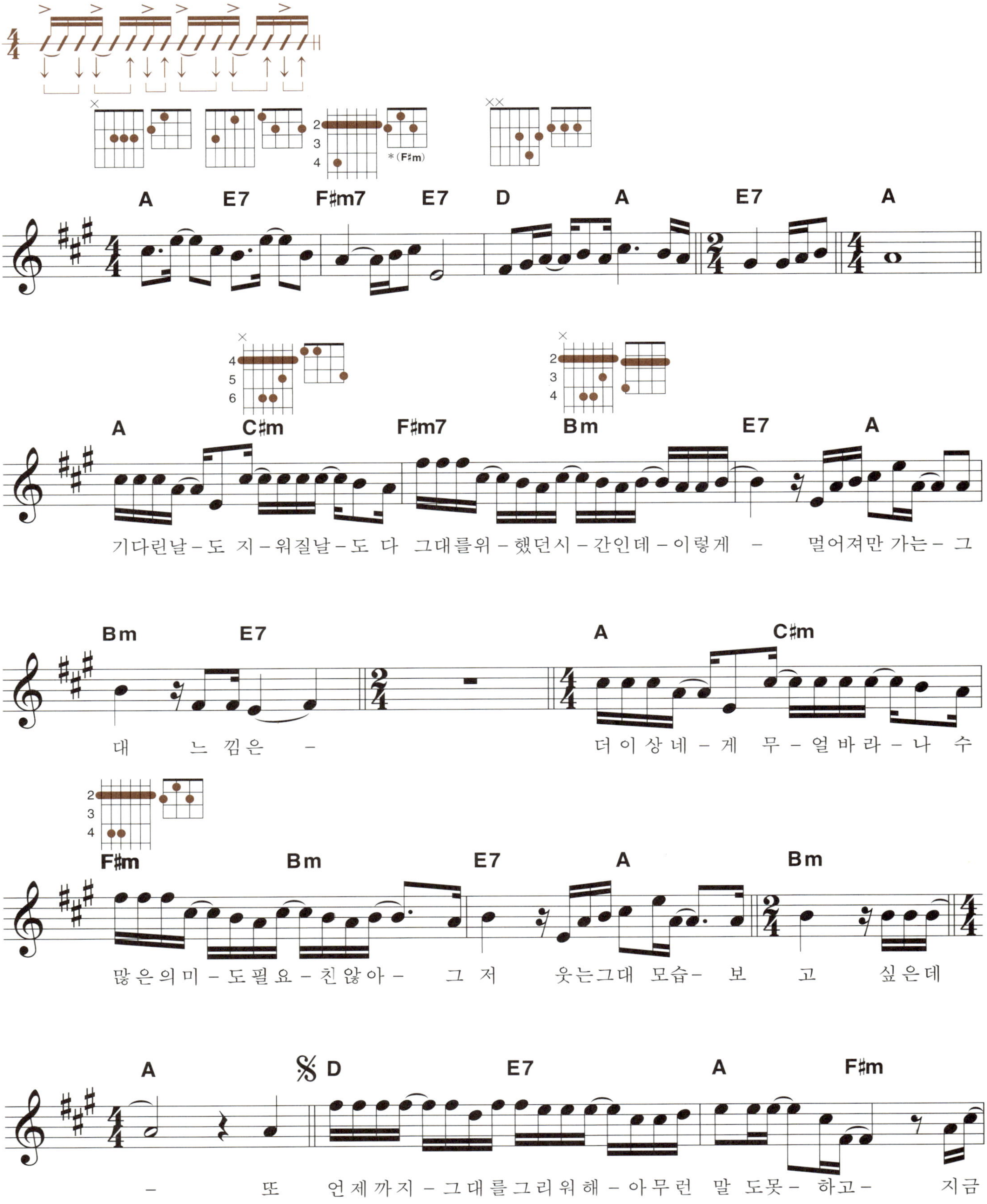

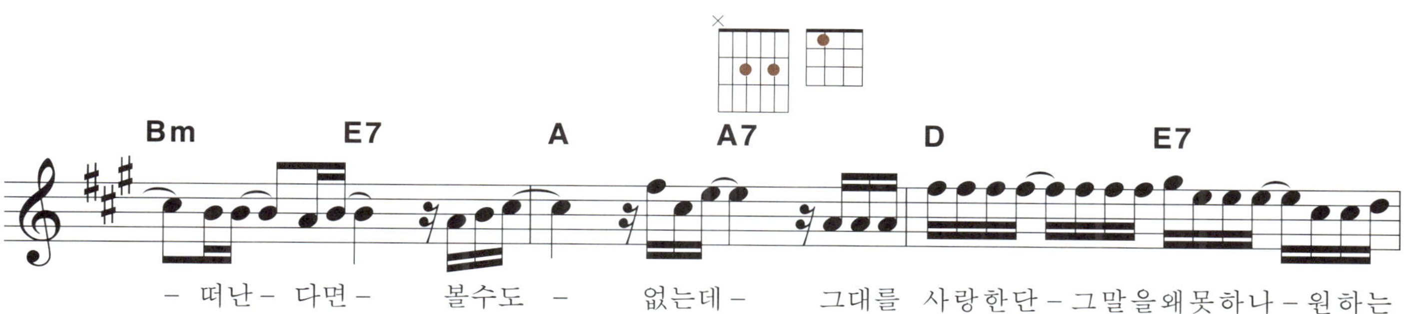

Bm   E7   A   A7   D   E7
- 떠난 - 다면 -   볼수도 -   없는데 -   그대를 사랑한단 - 그말을왜못하나 - 원하는

A   F#m   Bm   F#m   E7
그 대앞 - 에 서 -   모 아 둔시 간 도   이 젠 없 - 는 데

A   C#m   F#m   Bm
기다린날 - 도 지 - 워질날 - 도 다 그대를위 - 했던시 - 간인데 - 이렇게
더이상네 - 게 무 - 얼바라 - 나 수 많은의미 - 도필요치않아 - - - 그저

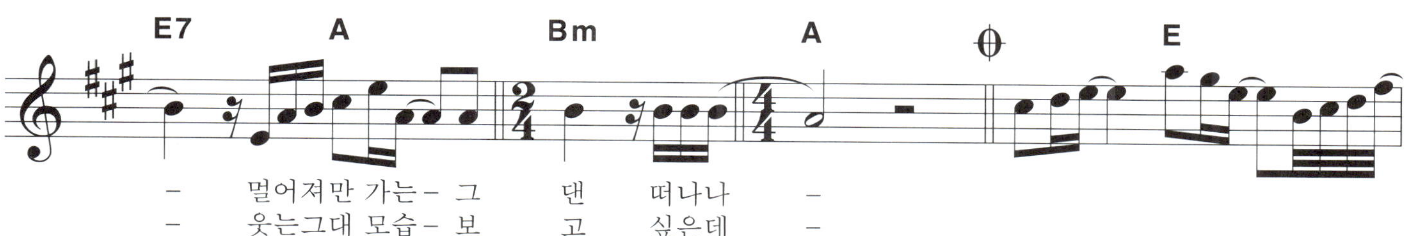

E7   A   Bm   A   E
- 멀어져만 가는 - 그   댄   떠나나   -
- 웃는그대 모습 - 보   고   싶은데   -

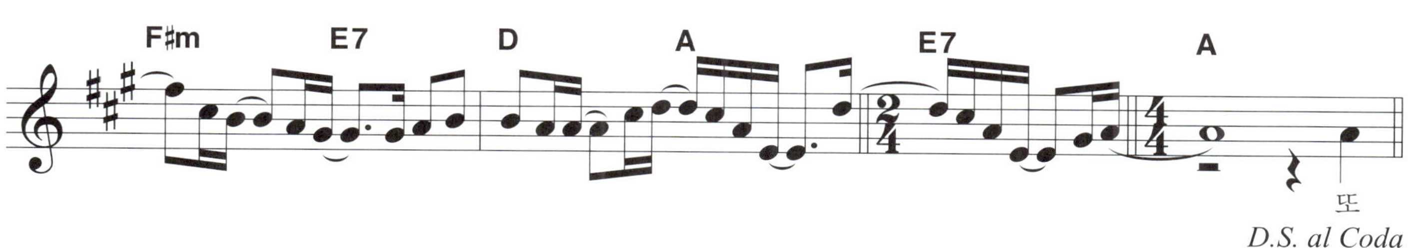

F#m   E7   D   A   E7   A
또
D.S. al Coda

A   E7   F#m   E7   D   A   E7   A
우 - - 우 - - 라 - - - 라 - - - 라 - - - - - - - -
F.O.

사랑하기 때문에

유재하 작사 | 유재하 작곡 | 유재하 노래

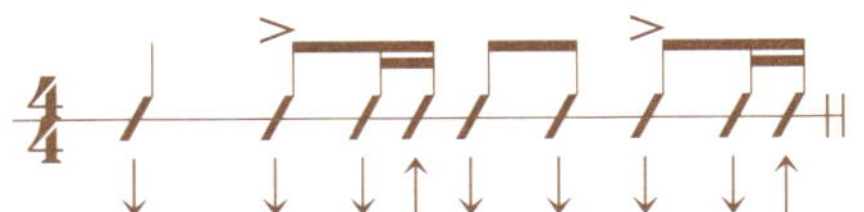

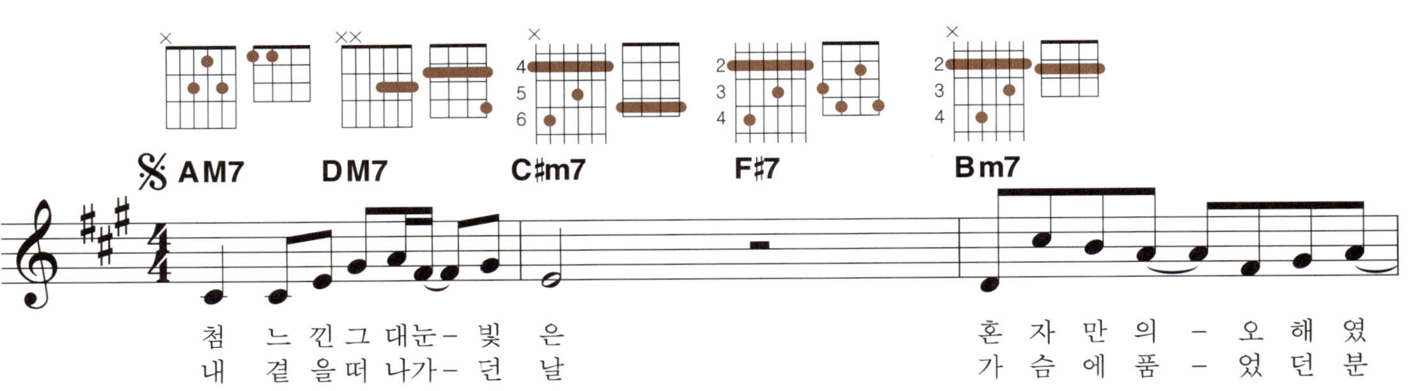

Bm7   E7   C#m7   F#7
그 대 만 의 – 나 였 음 – 을   다 – 시 돌 아 온 그 – 대 위 해 –   내

Bm7   E7   C#m7   F#7
모 든 것 드 – 릴 테 요 –   우 – 리 이 대 로 영 – – 원 히 –

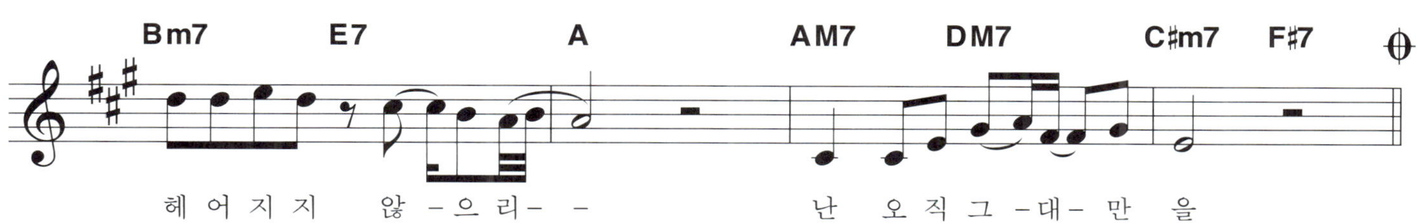

Bm7   E7   A   AM7   DM7   C#m7   F#7
헤 어 지 지 않 – 으 리 – –   난 오 직 그 – 대 – 만 을

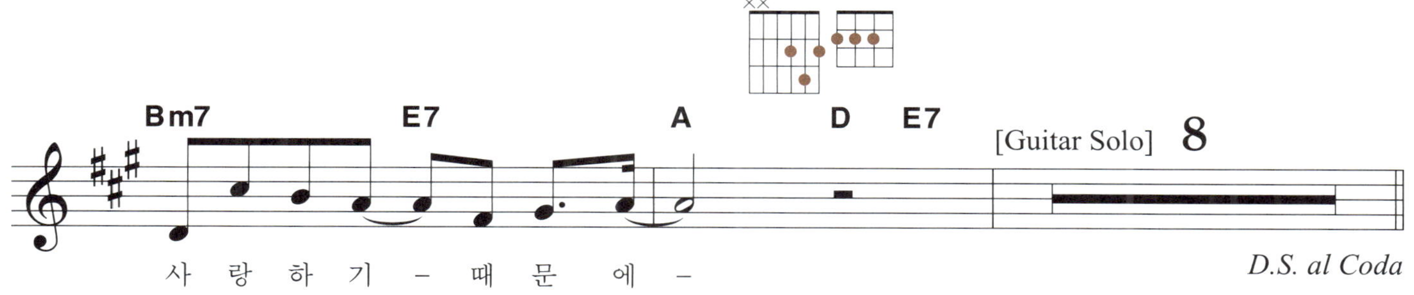

Bm7   E7   A   D   E7   [Guitar Solo] 8
사 랑 하 기 – 때 문 에 –
D.S. al Coda

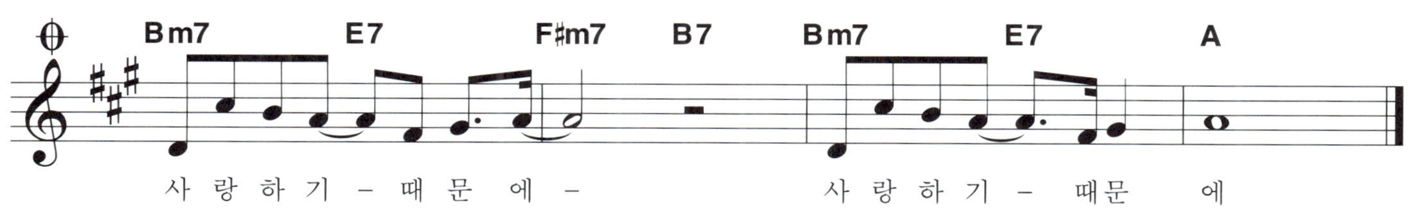

Bm7   E7   F#m7   B7   Bm7   E7   A
사 랑 하 기 – 때 문 에 –   사 랑 하 기 – 때 문 에

사랑일뿐야

박주연 작사 | 하광훈 작곡 | 김민우 노래

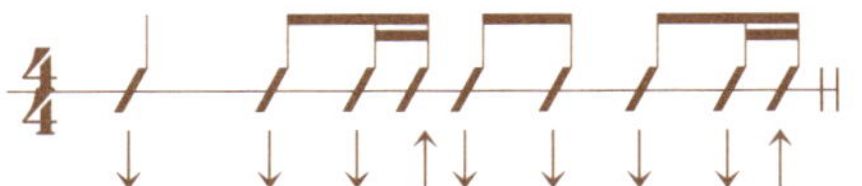

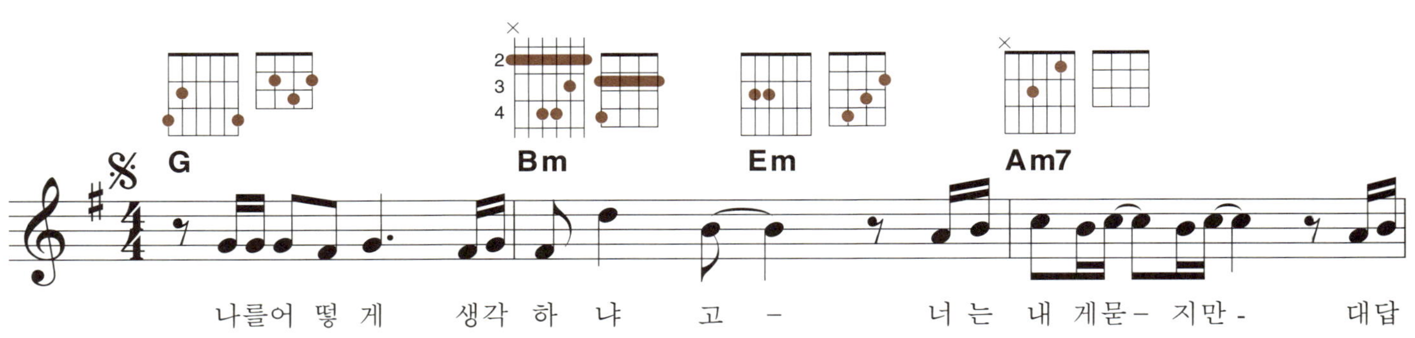

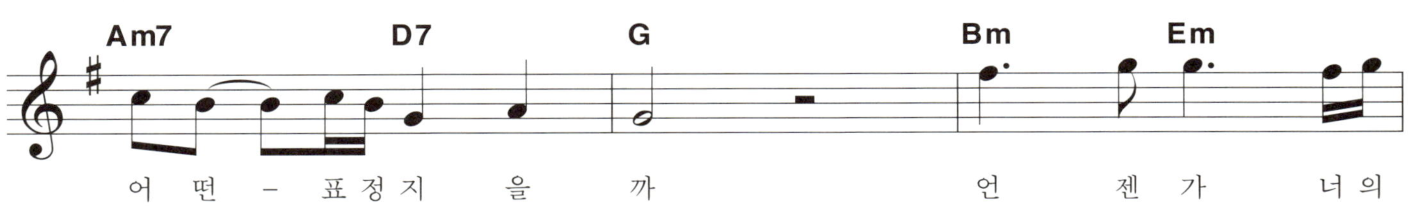

Bm Em G Em Am Am7
길 었던 나의 외로움의 끝을 비로소 느꼈던 거

D7 G Bm
야 그대를 만나기위해 많은

Am D7 G D7 G B7
이 별을 했는지몰라 - 그대는 나의 온몸

Em Am D7 G
으로부딪혀 느끼는사랑일뿐 야
D.S.

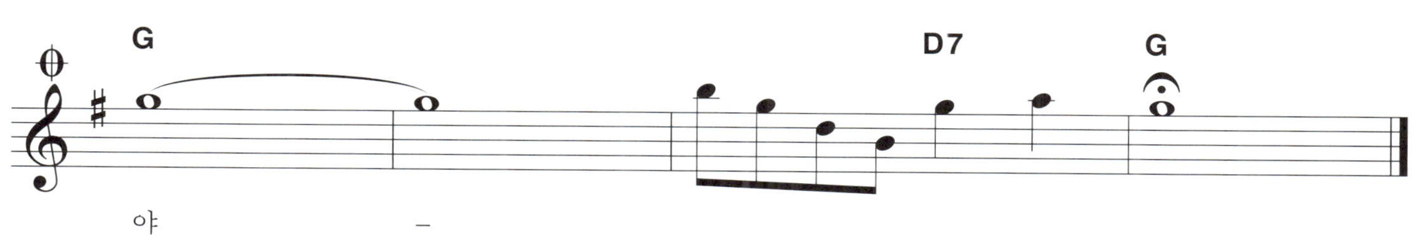

G D7 G
야 -

숙녀에게

박주연 작사 | 하광훈 작곡 | 변진섭 노래

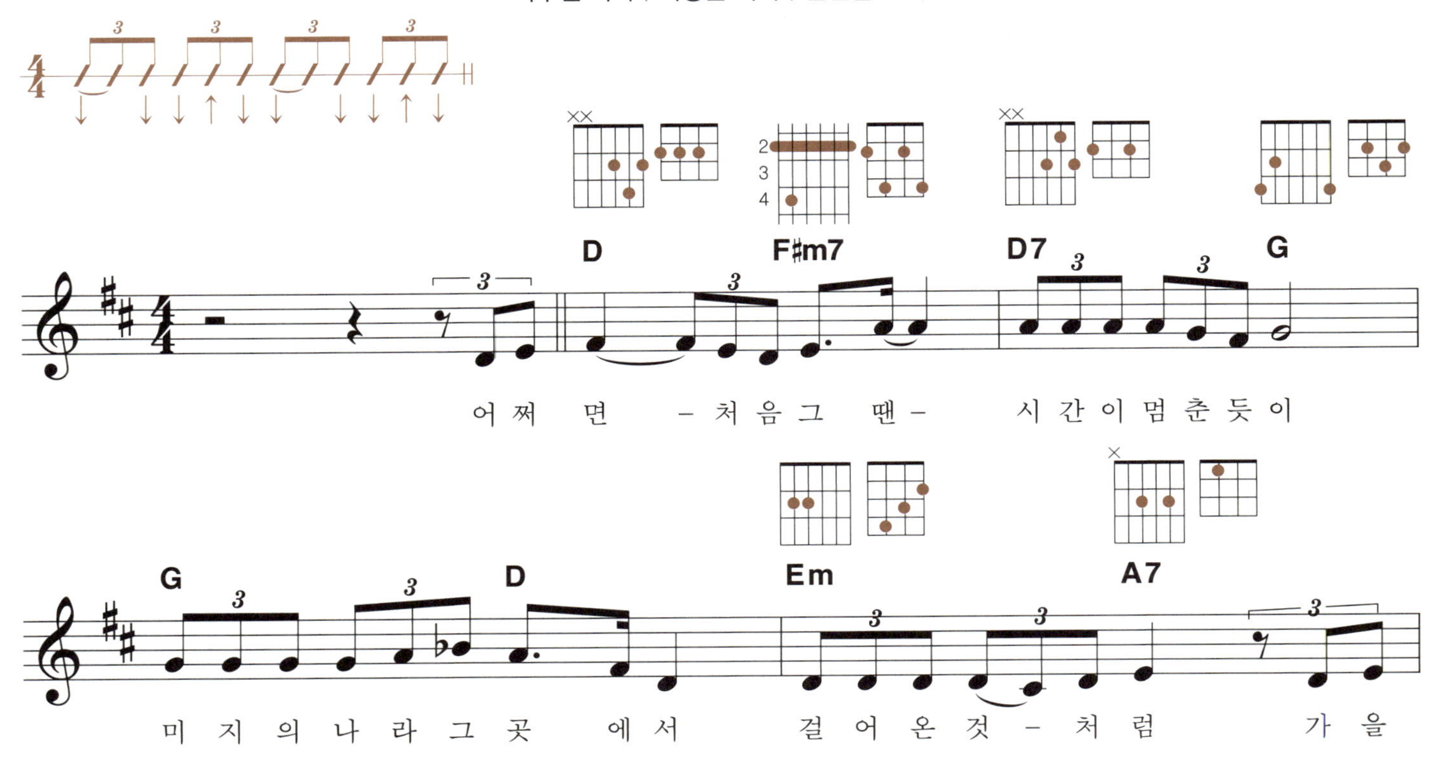

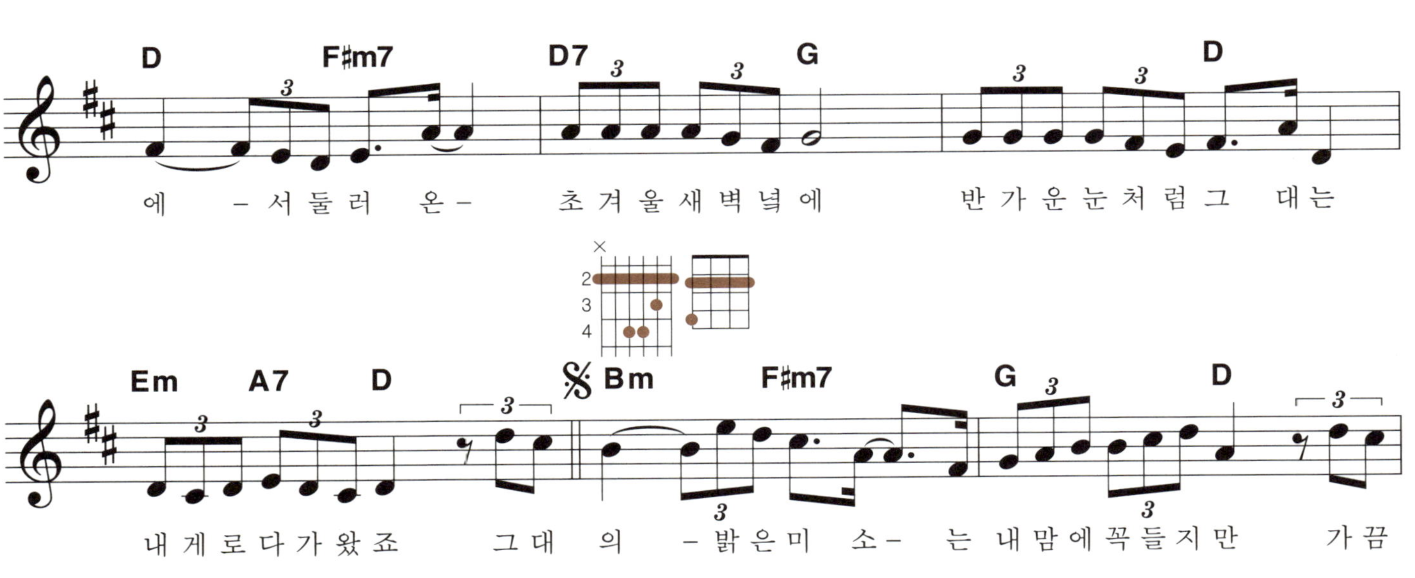

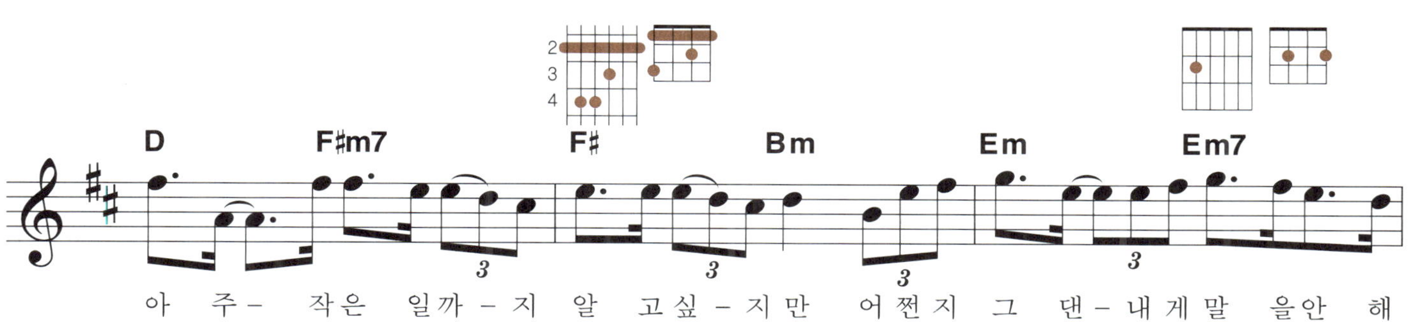

D   F#m7   F#   Bm   Em   Em7
아 주- 작은 일까-지 알 고싶-지만 어쩐지 그 댄-내게말 을안 해

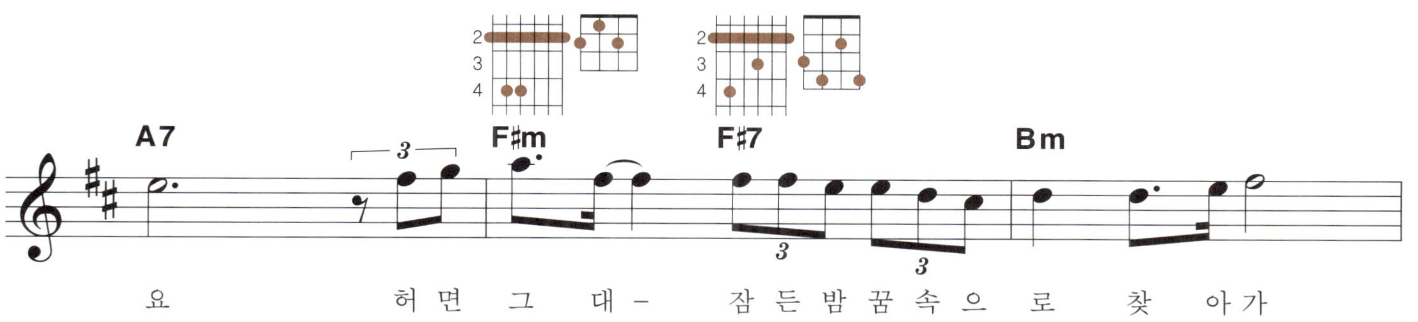

A7   F#m   F#7   Bm
요   허 면 그 대- 잠 든밤꿈속으 로 찾 아가

G   A7   D   intro   8
살 며 시-애 기 들 고-올래 요
D.S. al Coda
그 대

D   A7   D   F#m7   F#   Bm
요   나 그 대 아 주- 작은 일까-지 알 고싶 - 지만 어쩐지

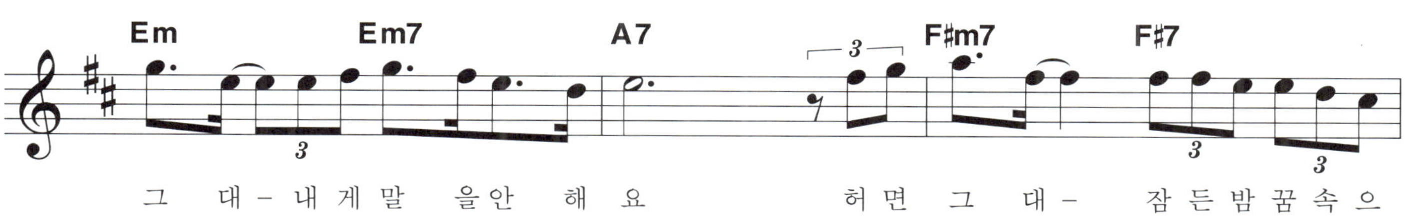

Em   Em7   A7   F#m7   F#7
그 대-내게말 을안 해 요   허면 그 대- 잠 든밤꿈속으

Bm   G   A7   D
로 찾 아가   살 며 시-애 기 들 고-올 래 요   -

내 마음에 비친 내 모습

유재하 작사 | 유재하 작곡 | 유재하 노래

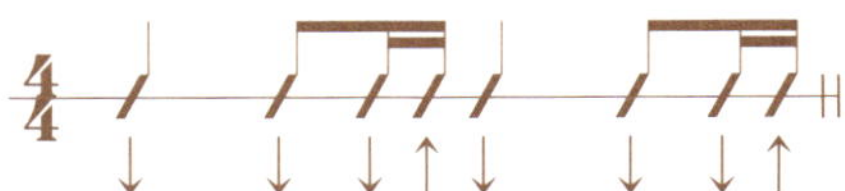

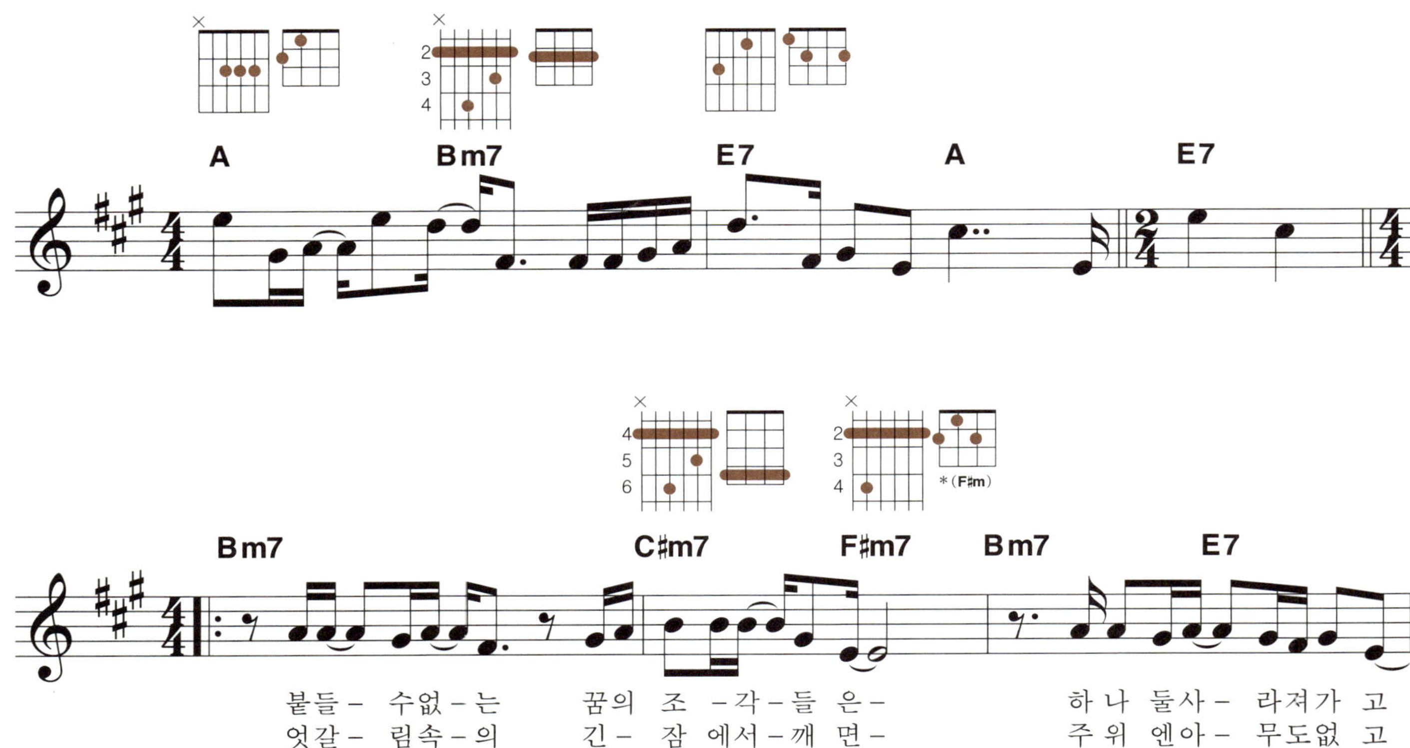

   *) 우쿨렐레는 F#m코드로 쉽게 연주합니다.

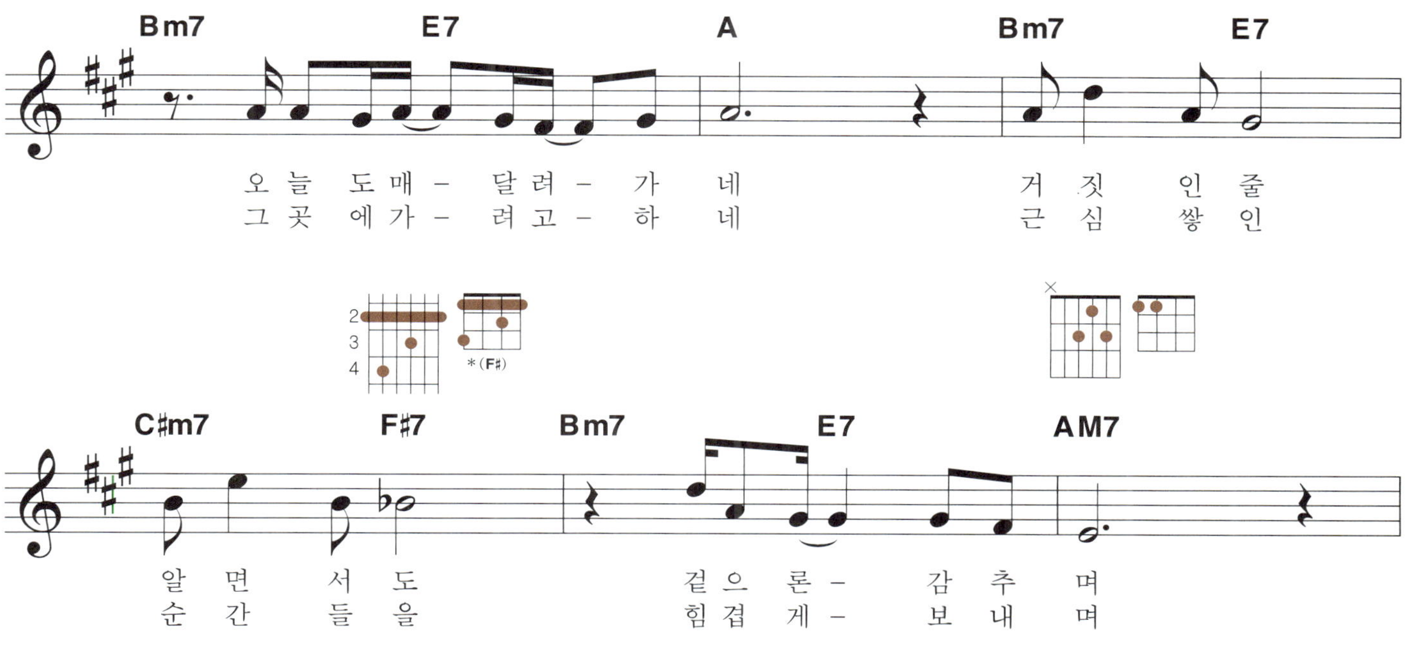

Bm7   E7   A   Bm7   E7
오 늘 도 매 - 달려 - 가 네   거 짓 인 줄
그 곳 에 가 - 려고 - 하 네   근 심 쌓 인
C#m7   F#7   Bm7   E7   AM7
알 면 서 도   겉 으 론 - 감 추 며
순 간 들 을   힘 겹 게 - 보 내 며

Bm7   E7   C#m7   F#7   Bm7   E7
한 숨 섞 - 인 말 한 마 디 에 - 나 만 의 진실 담 - 겨 있 - 는 듯
지 워 버 - 린 그 기 억 들 을 - 생 각 해 내 곤 또 잊 어 버 - 리 고

A   Bm7   E7   A   F#m   Bm7
이 제 와 - 뒤 늦 - 게 무 엇 을 더 보 태 려 - 하 나 귀 기 울 여 들 지 않 - 고 - -

Bm7   E7   A   Bm7   E7   A
달 리 보 - 면 그 - 만 인 것 - 을 못 그 린 - 내 빈 - 곳 무 엇 으 로 채 워 지 - 려 나 - 차 라 리

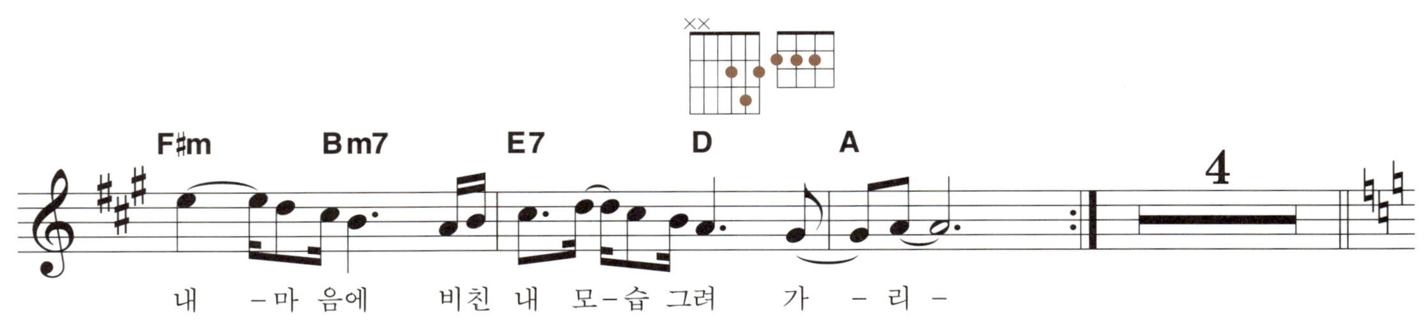

F#m   Bm7   E7   D   A
내 -마 음에 비친 내 모-습 그려 가 -리 -
4

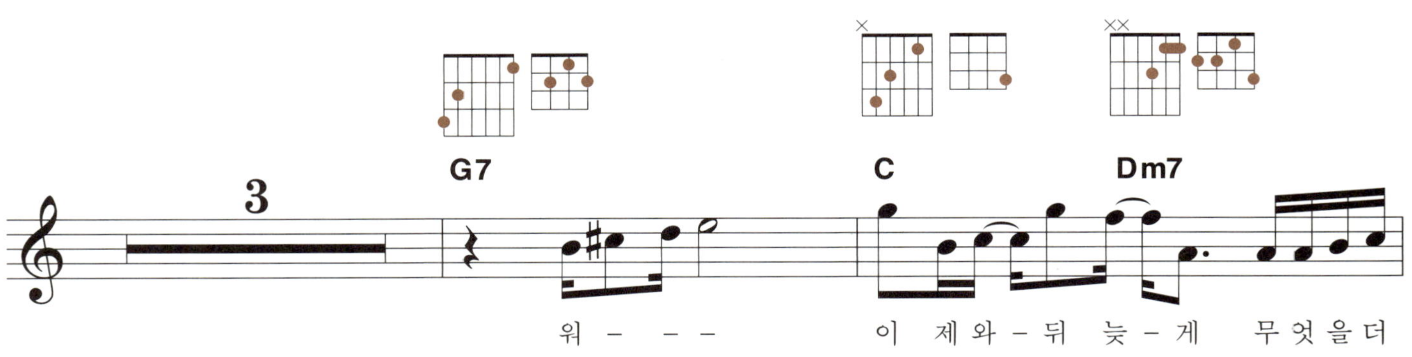

3   G7   C   Dm7
워 - - -   이 제 와-뒤 늦-게 무엇을더

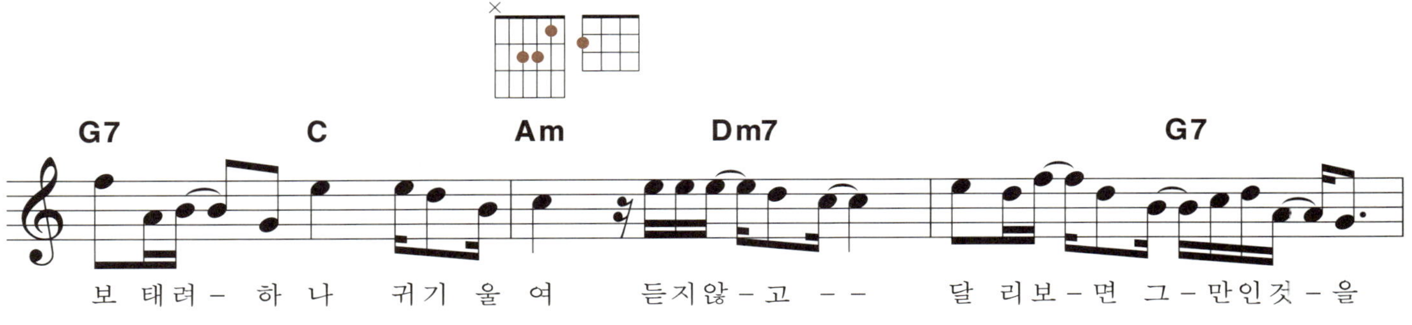

G7   C   Am   Dm7   G7
보 태려-하 나 귀기 울여 듣지않-고 - -   달 리보-면 그-만인것-을

C   Dm7   G7   C   Am   Dm
못 그린-내 빈-곳 무엇으로 채 워지-려 나- 차 라리 내 -마 음에   비친
3

G7   F   C   G7   A
내 모-습 그려 가 리 - -

그대에게

신해철 작사 | 신해철 작곡 | 무한궤도 노래

C　　Em　　Am　　F　　Dm

G

C　　Em　　Am

F　　Dm　　G

G　　G7　　C　　Em　　Am

Am　　C　　Dm　　G

F　　G　　C　　Em　　Am

숨 가쁘 게 살 － 아 가 는 순 간 속 － 에 도

F   Dm   G7   F G
우 린 서 로 이 -렇게 아쉬워 - 하 는 걸

C   Em   Am
아 직 내게 남 -아 있는 많은 날 -들을

F   Dm   G7   F   G
그 대 와 둘 이 서 나누고싶 -어 -요 -

F   G   Em   Am   F
내 가 사랑 -한 그모든 것을 다잃는다 해도 그 대 를

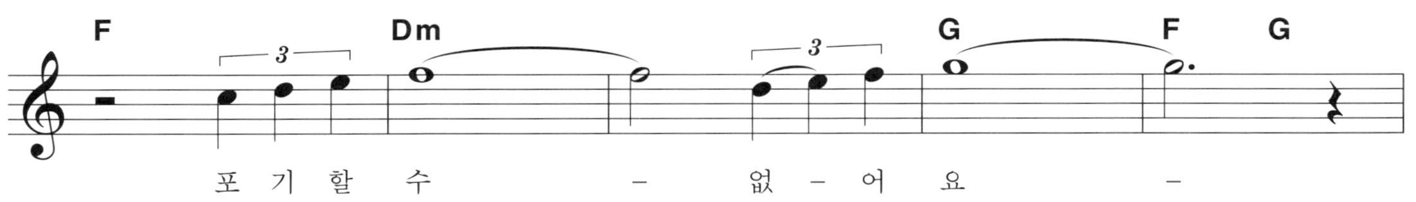

F   Dm   G   F   G
포 기 할 수 - 없 -어 요 -

C   Em   Am   F
이 세 상 어 -느 곳 에 서 -도- 나 는 그 대 숨

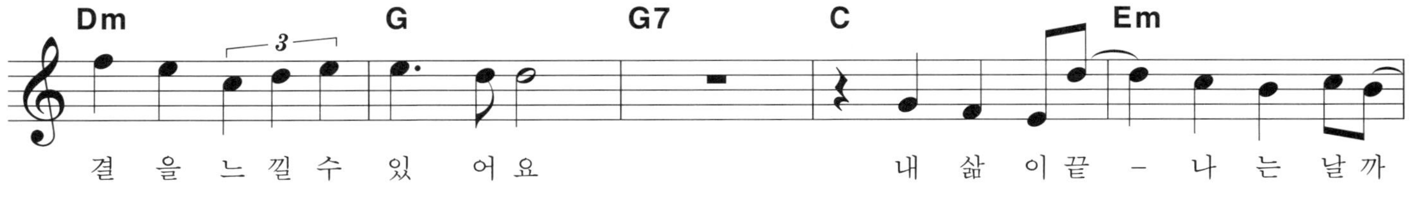

Dm   G   G7   C   Em
결 을 느 낄 수 있 어 요 내 삶 이 끝 - 나 는 날 까

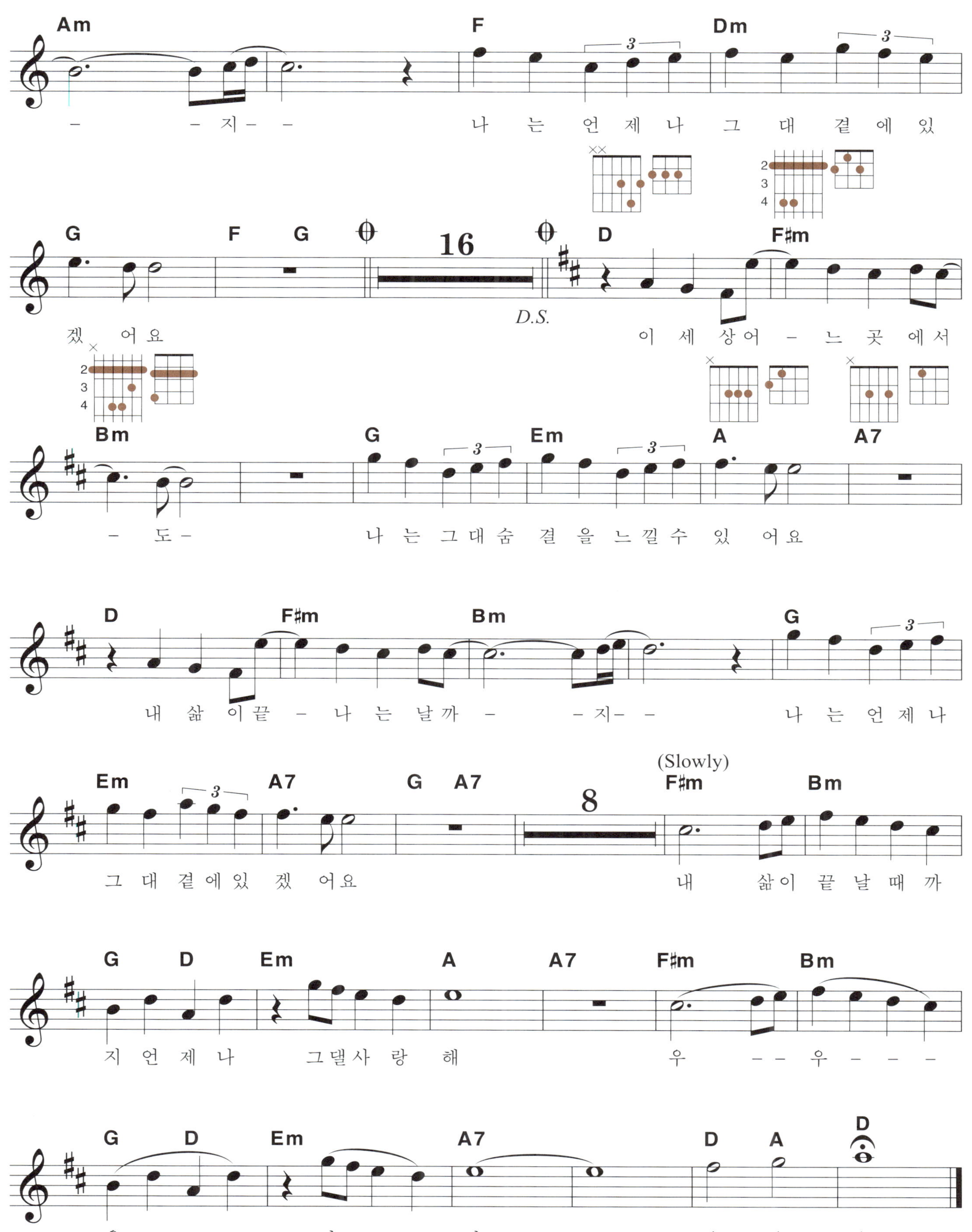

나 는 언 제 나 그 대 곁 에 있
겟 어 요
이 세 상 어 - 느 곳 에 서
- 도 -
나 는 그 대 숨 결 을 느 낄 수 있 어 요
내 삶 이 끝 - 나 는 날 까 -
- 지 -
나 는 언 제 나
그 대 곁 에 있 겟 어 요
내 삶 이 끝 날 때 까
지 언 제 나 그 댈 사 랑 해
우 - - 우 - -
우 - - 아 - - 아 - 우 우 우
D.S.
(Slowly)

아파트

윤수일 작사 | 윤수일 작곡 | 윤수일 노래

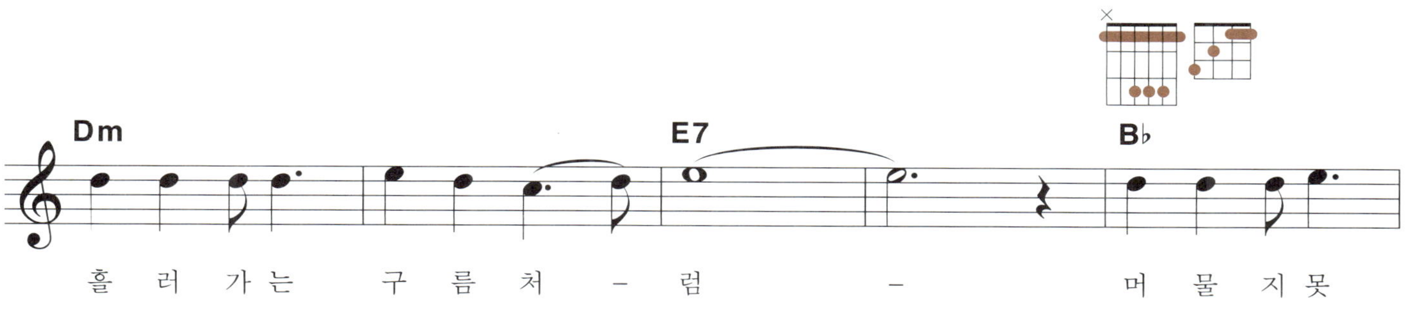

Dm
E7
B♭
홀 러 가 는 구 름 처 – 럼 – 머 물 지 못

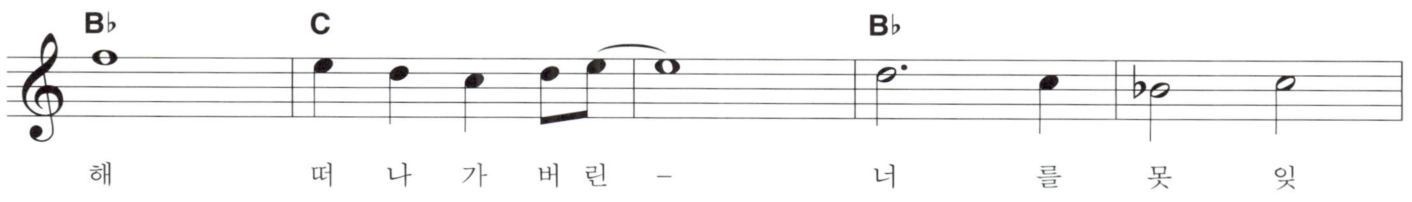

B♭
C
B♭
해 떠 나 가 버 린 – 너 를 못 잊

Am
E7
Am
어 – 오 늘 도 바 보 처 럼 – 미 련 때 문

E7
Am
Dm
에 – 다 – 시 또 찾 아 왔 지 만 –

Dm
C
G
– 아 무 도 없 는 – 아 무 도 없 는 –

Am
E7
Am
쓸 쓸 – 한 너 의 아 파 트 –

황홀한 고백

이건우 작사 | 윤수일 작곡 | 윤수일 노래

별 들 도 잠 이 - 들 고
이 대 로 영 원 히 - 너 만 을 사 랑 해 -
황 홀 한 그 한 - 마 디
지 금 도 늦 지 않 았 - 어 - 내 곁 에 돌 아 온 다 - 면 -
나 는 너 를 영 원 히 사 랑 할 꺼 - 야 -
나 는 너 를 영 원 히 사 랑 할 꺼 - 야 -
나 는 너 를 영 원 히 사 랑 할 꺼 - 야 -

J에게

이세건 작사 | 이세건 작곡 | 이선희 노래

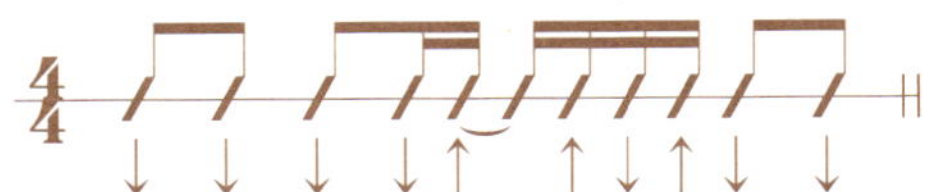

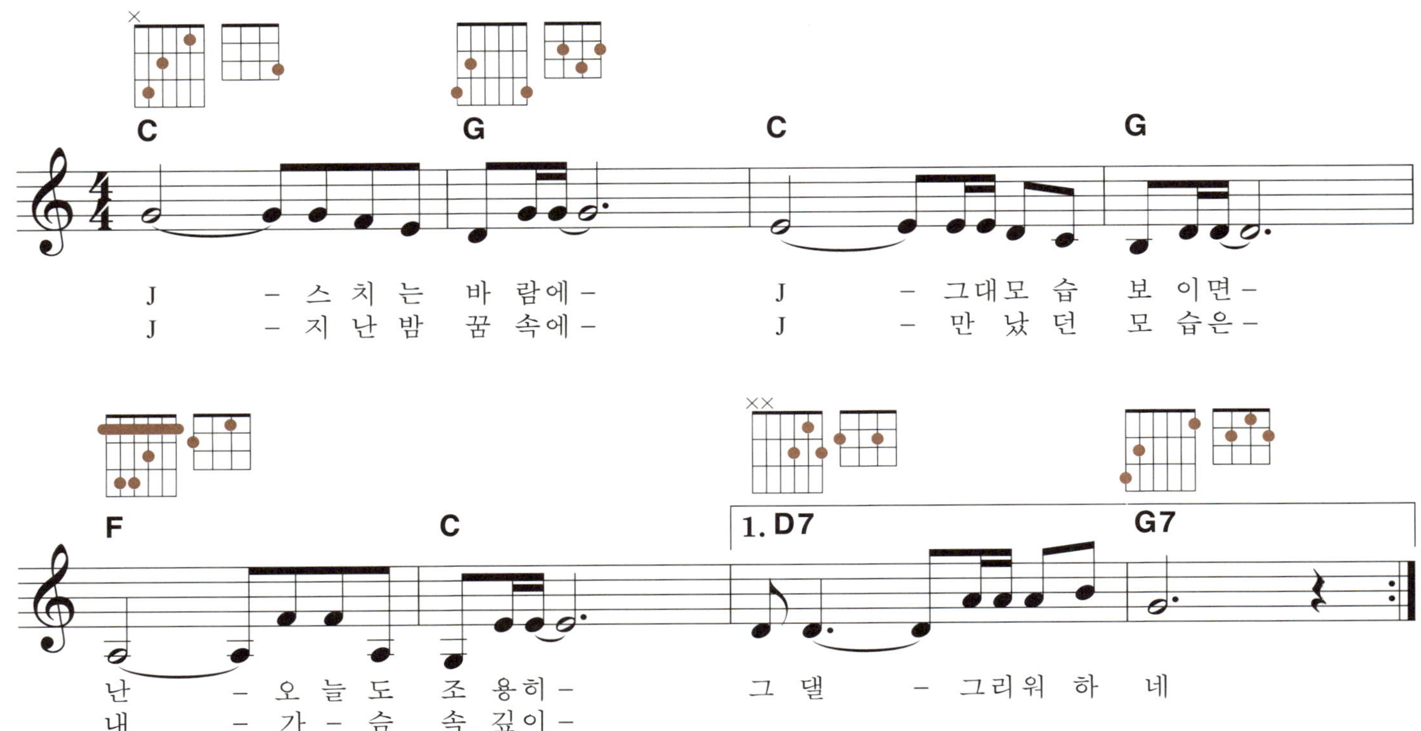

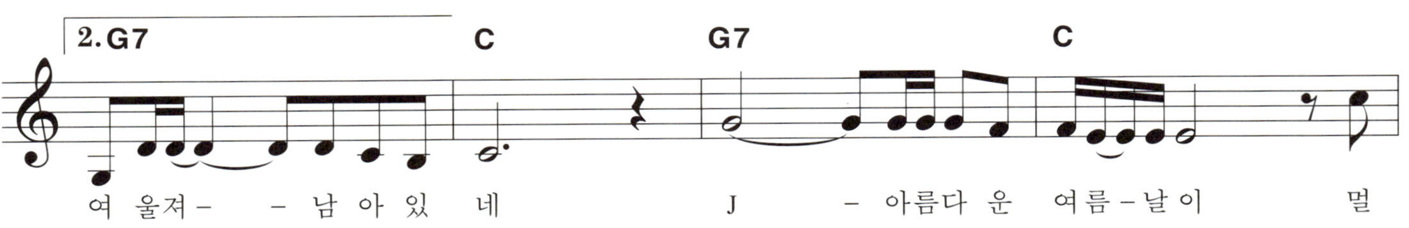

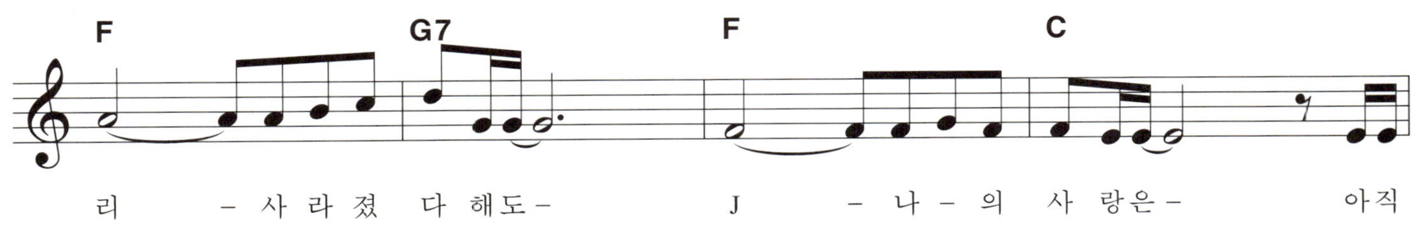

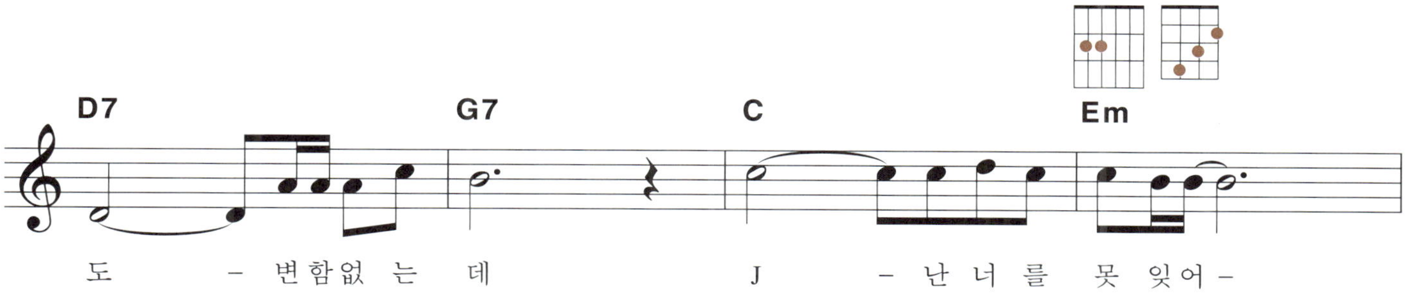

D7   G7   C   Em
도 ─ 변함없 는 데   J ─ 난 너를 못 잊어 ─

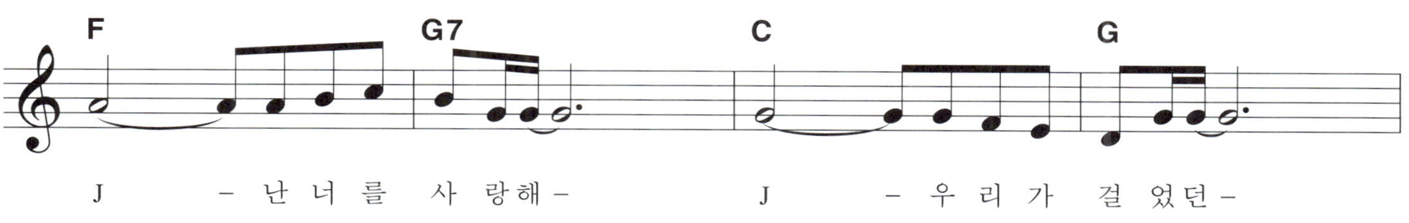

F   G7   C   G
J ─ 난 너를 사 랑해 ─   J ─ 우 리 가 걸 었던 ─

C   G   F
J ─ 추 억의 그 길을 ─   난 ─ 이 밤 도

C   G7   C
쓸 쓸 히 ─   쓸 쓸 히 ─ ─ 걷 고 있 네

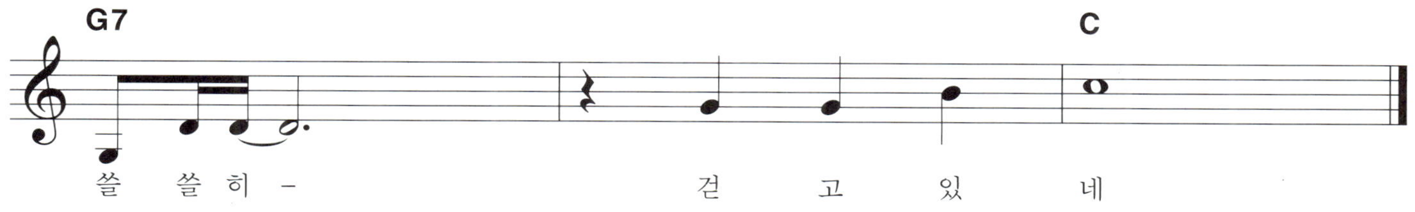

G7   C
쓸 쓸 히 ─   걷 고 있 네

겨울아이

박원빈 작사 | 박장순 작곡 | 이종룡 노래

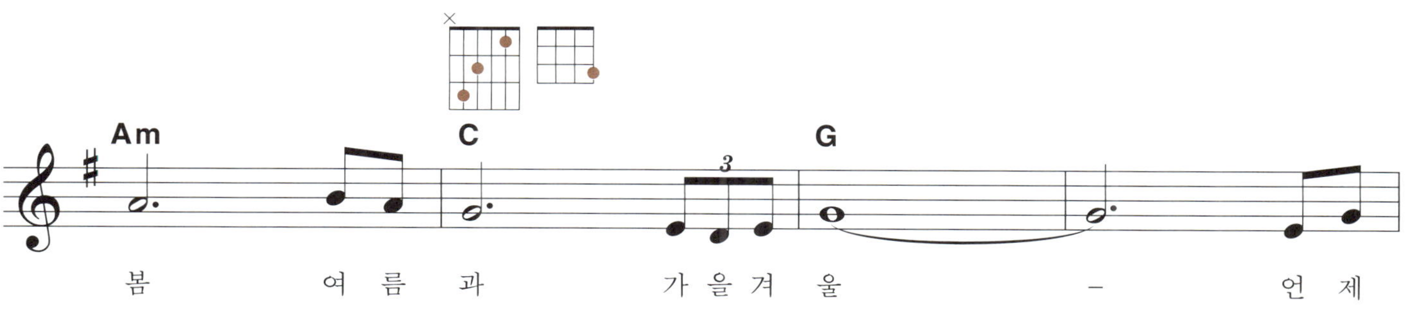

Am   C   G
봄 여름과 가을겨울 - 언제

Am   D7   G
나 - 맑고깨끗해 겨울에태어

Am   D7   G   Em
난 아름다운당신은 눈처럼깨끗

Am   D7   G
한 나만의당신 겨울에태어
D.S.

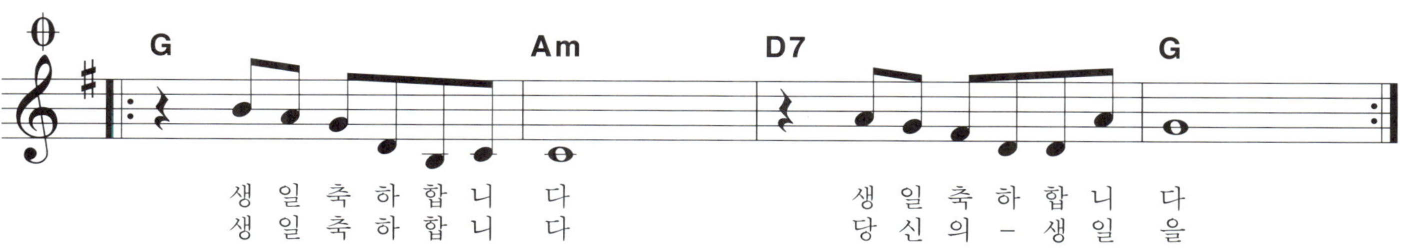

G   Am   D7   G
생일축하합니다 생일축하합니다
생일축하합니다 당신의 - 생일을

G   Am   D7   G
Ha-ppy Birth-day to you Ha-ppy Birth-day to you
F.O.

광화문 연가

이영훈 작사 | 이영훈 작곡 | 이문세 노래

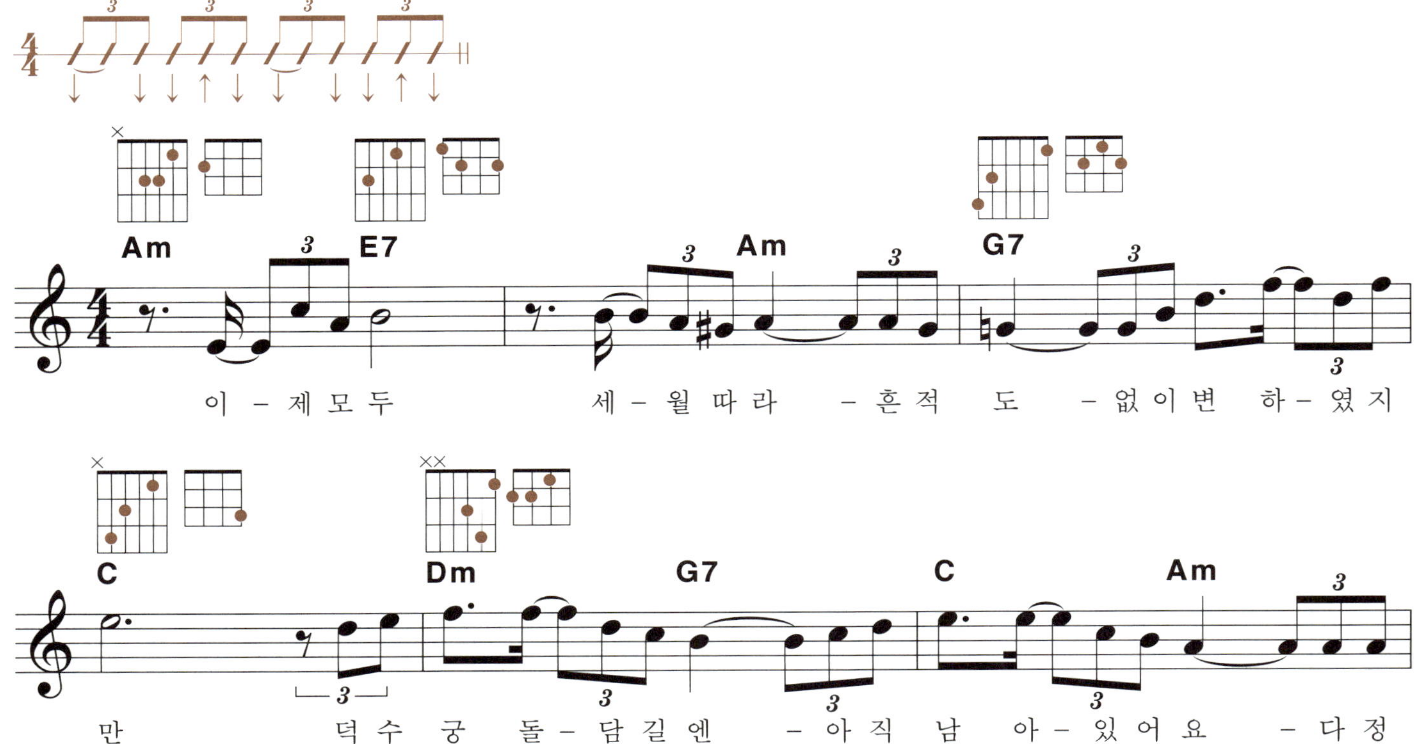

Am
E7
Am
G7
이 - 제 모두   세 - 월 따라 - 흔 적 도 - 없 이 변 하 - 였 지
C
Dm
G7
C
Am
만   덕 수 궁 돌 - 담 길 엔 - 아 직 남 아 - 있 어 요 - 다 정

Dm
E7
Am
E7
히 - 걸 어 가 는 - 연 인 들   언 - 젠 가 는

E7
Am
G7
우 - 리 모 두 - 세 월 을 - 따 라 떠 나 - 가 지

C
Dm
G7
C
Am
만   언 덕 밑 정 - 동 길 엔 - 아 직 남 아 - 있 어 요 - 눈 덮

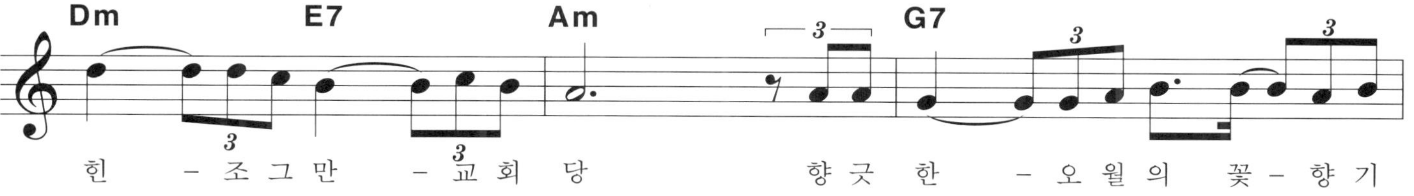

Dm   E7   Am   G7
힌 — 조 그 만 — 교 회 당   향 긋 한 — 오 월 의 꽃 — 향 기

C   Am   G7   C
가   가 슴 깊 이 — 그 리 — 워 지 면   눈

Dm   G7   C   Am   Dm
내 린 — 광 화 문 — 네 거 리 — 이 곳 에 — 이 렇 게 다 시 찾 — 아 와

E7   Am   E7   Am
요   언 — 젠 가 는   우 — 리 모 두 — 세 월

G7   C   Dm   G7
을 — 따 라 떠 나 — 가 지 만   언 덕 밑 정 — 동 길 엔 — 아 직

C   Am   Dm   E7   Am
남 아 — 있 어 요 — 눈 덮 힌 — 조 그 만 — 교 회 당

가로수 그늘 아래서면

이영훈 작사 | 이영훈 작곡 | 이문세 노래

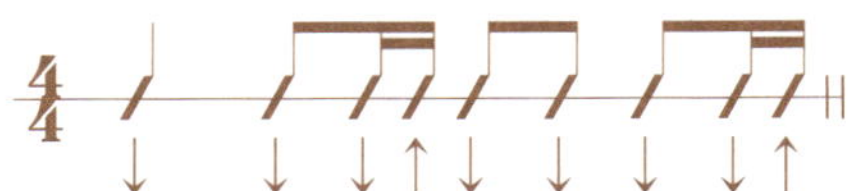

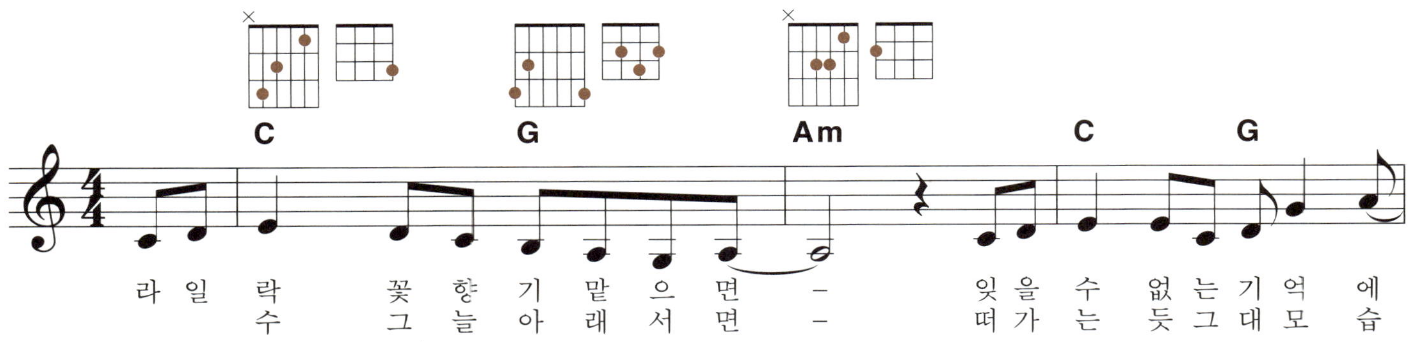

Am C F G C E7
지 이렇게 도 아름다운세 상 잊지않 으

Dm G Am F G
리 내가사 랑 한애기 우 우우우 우 여위어 가는

C Em7 Am Dm G Am
가 로 수 그늘 밑 그향기 더 하 는데 – 우 우우우

F G C E7 Dm G
우 아 름 다 운세 상 너는알 았 지 내가사 랑

Am F G C Em7 Am
한 모습 – 우 – 우우우 우 저별이지 는 가 로 수 하늘

Dm G Am C
밑 그향기 더 하 는데 – Fine 가 로 D.S.

내게 남은 사랑을 드릴게요

함경문 작사 | 하광훈 작곡 | 장혜리 노래

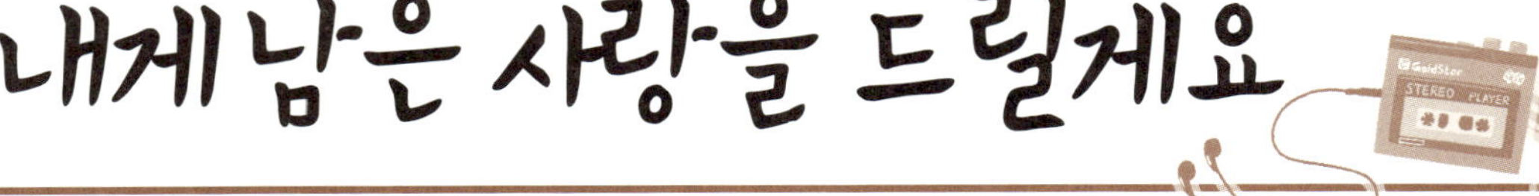

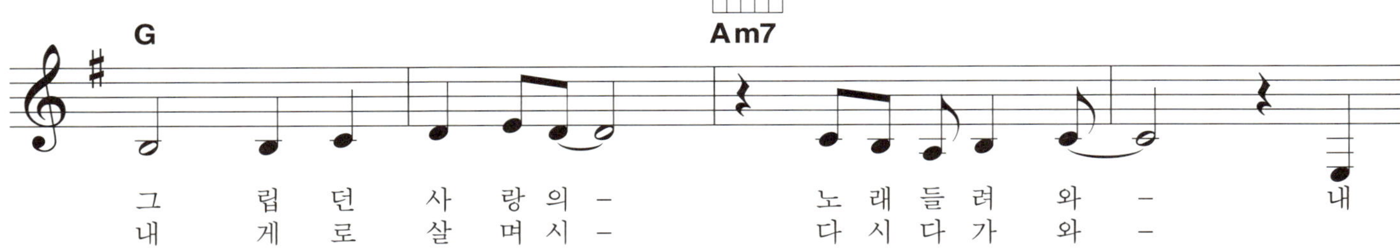

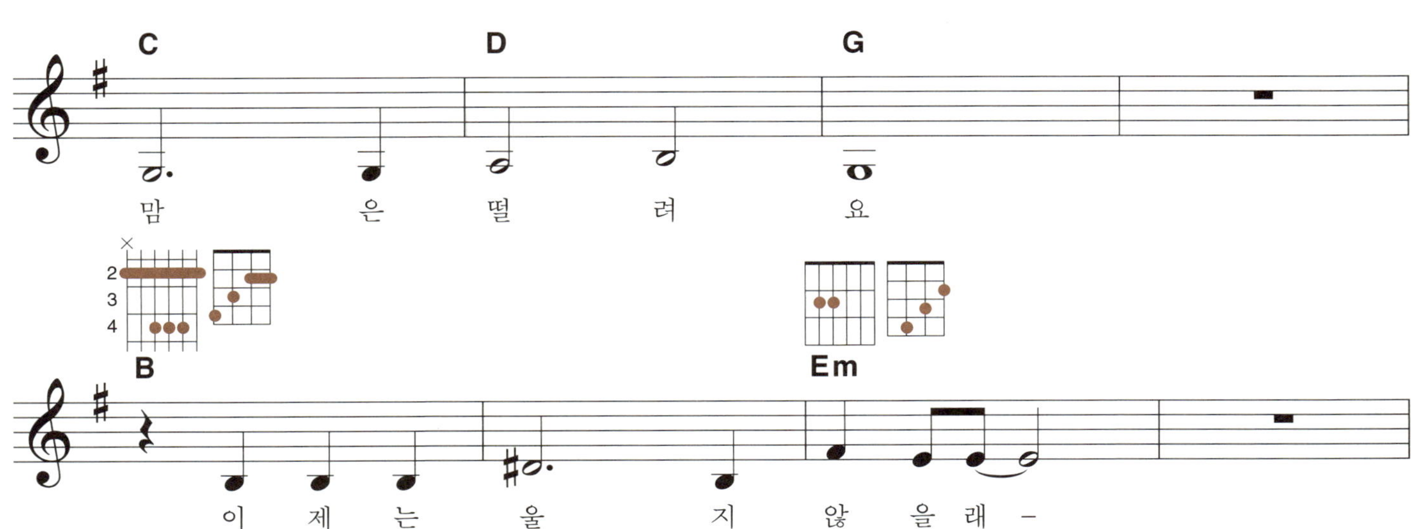

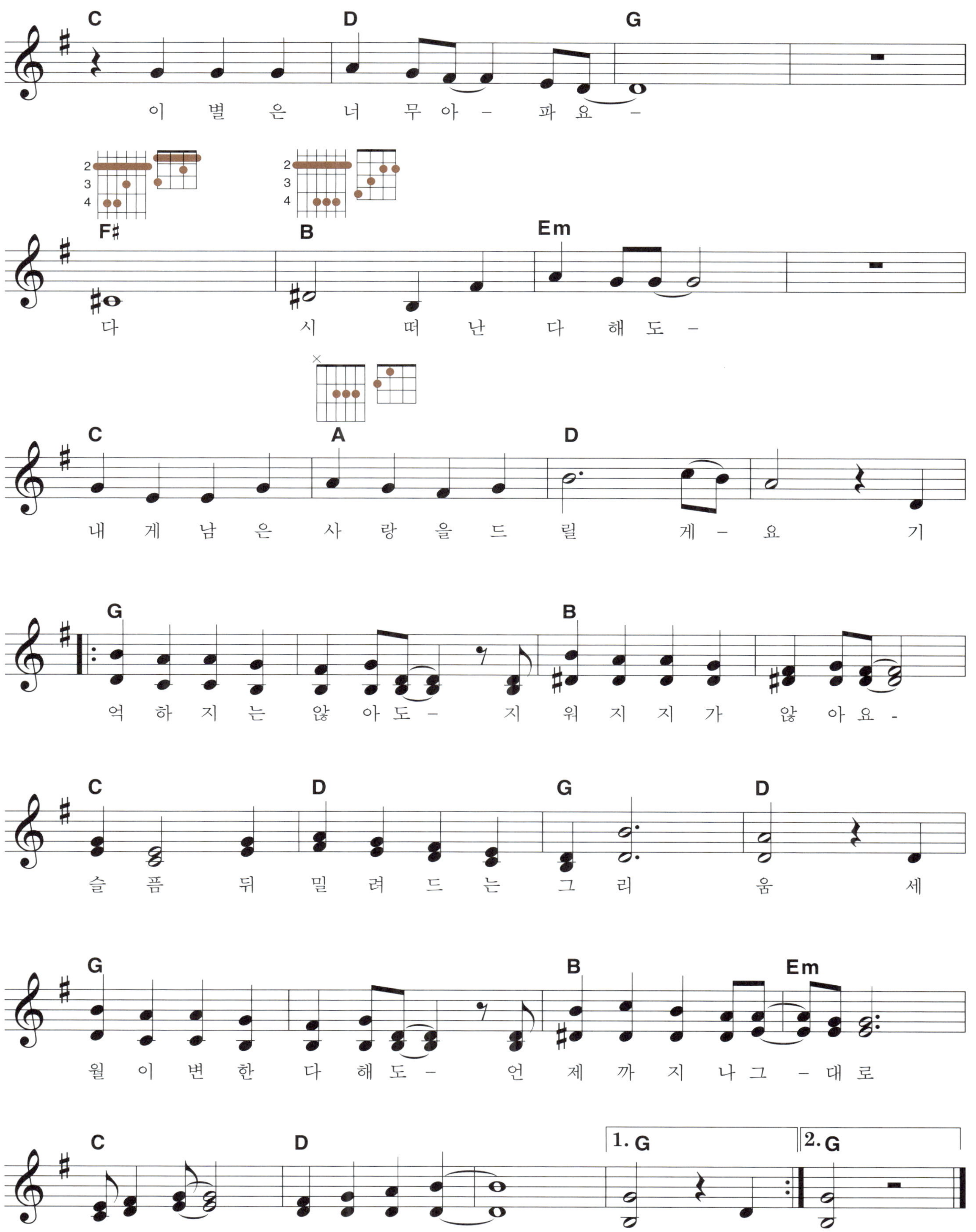
이 별 은 너 무 아 - 파 요 -
다 시 떠 난 다 해 도 -
내 게 남 은 사 랑 을 드 릴 게 - 요 기
억 하 지 는 않 아 도 - 지 워 지 지 가 않 아 요 -
슬 픔 뒤 밀 려 드 는 그 리 움 세
월 이 변 한 다 해 도 - 언 제 까 지 나 그 - 대 로
내 곁 에 - 머 물 러 줘 - 요 기 요

시작되는 연인들을 위해

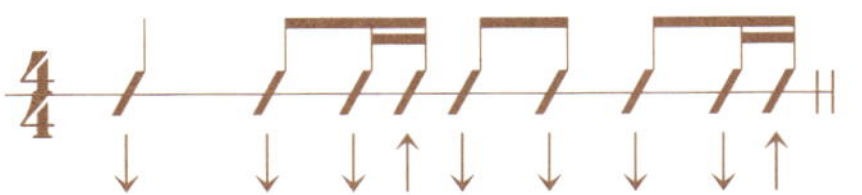

채정은 작사 | 황영철 작곡 | 이원진 노래

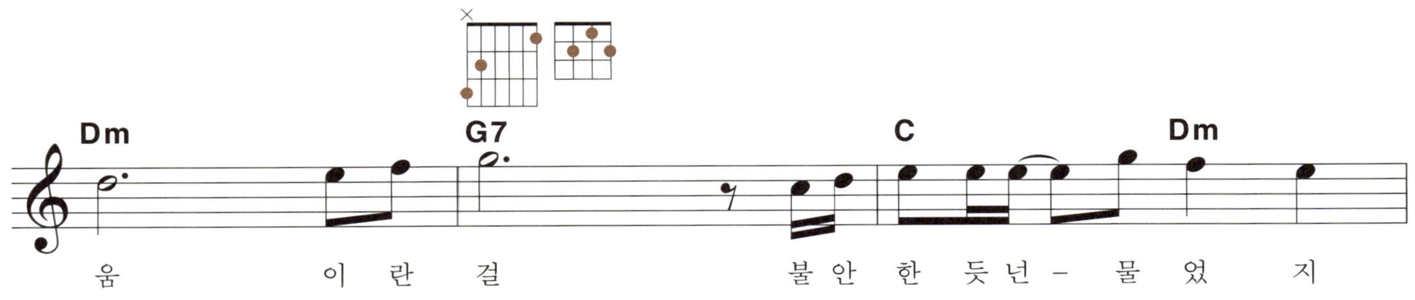

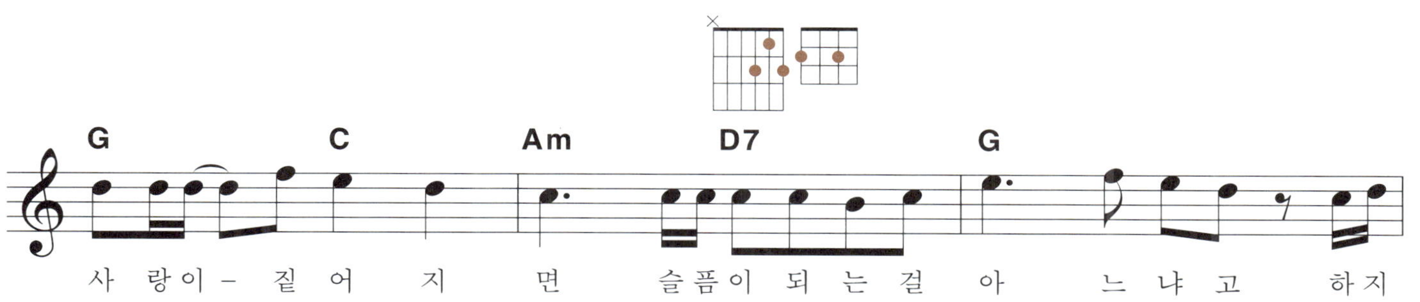

G   C   Am   D7   G
사 랑이 – 짙어 지 면 슬픔이 되 는걸 아 느 냐고 하지

C   Dm   G   C   Am   D7
만 년모 – 른거 야 뜻 모를 – 그 슬 픔 이 때론살 아가 – 는

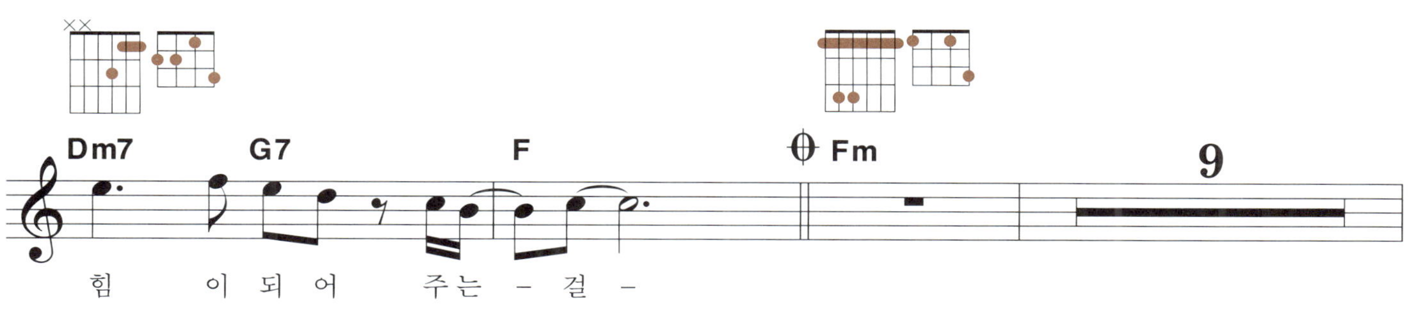

Dm7   G7   F   Fm   9
힘 이되어 주는 – 걸 –

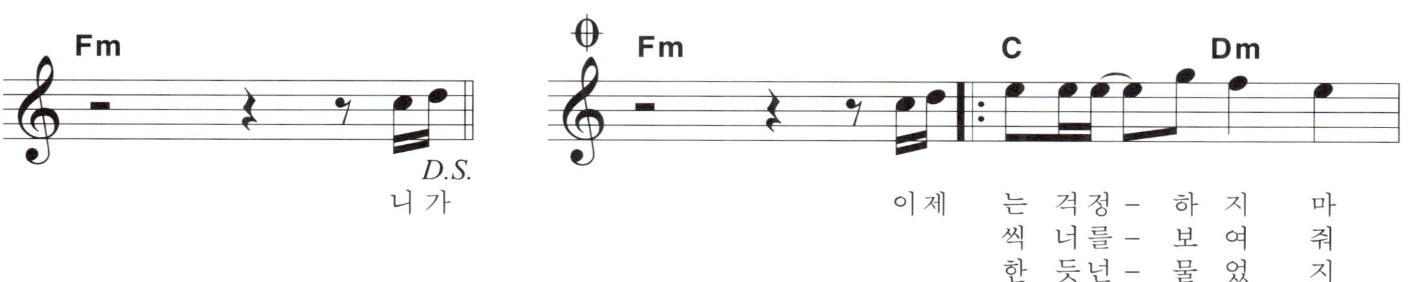

Fm
D.S.
니 가

Fm   C   Dm
이제 는 걱정 – 하 지 마
씩 너를 – 보 여 줘
한 듯넌 – 물 었 지

G   C   Am   D7   G
Repeat & F.O.
한 때나 – 도 너 만 큼 두려워 한적 – 도 많 았으 – 니 조 금
숨 기려 – 하 지 말 고 내가가 까이 – 설 수 있도 – 록 불 안
사 랑이 – 깊어 지 면 슬픔이 되는 – 걸 아 느냐 – 고

바람이 불어오는 곳

김광석 작사 | 김광석 작곡 | 김광석 노래

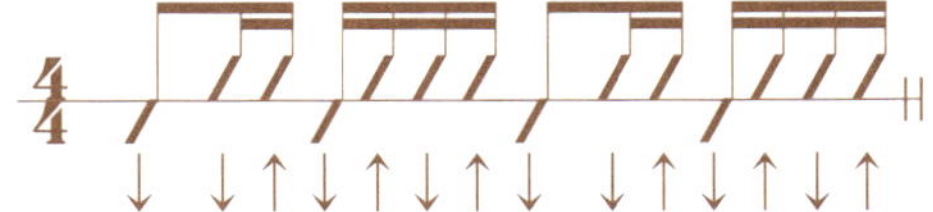

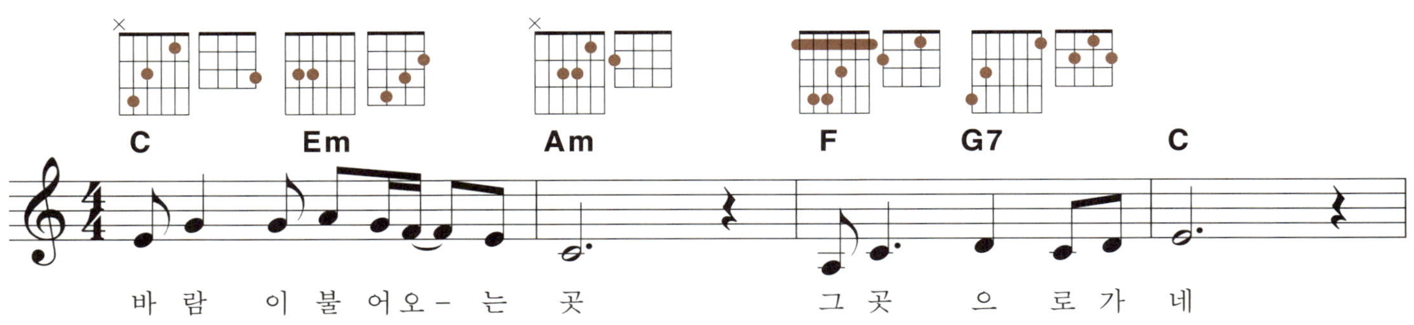

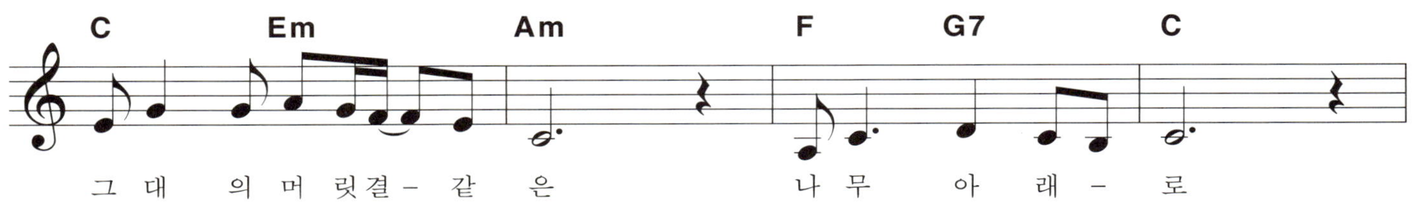

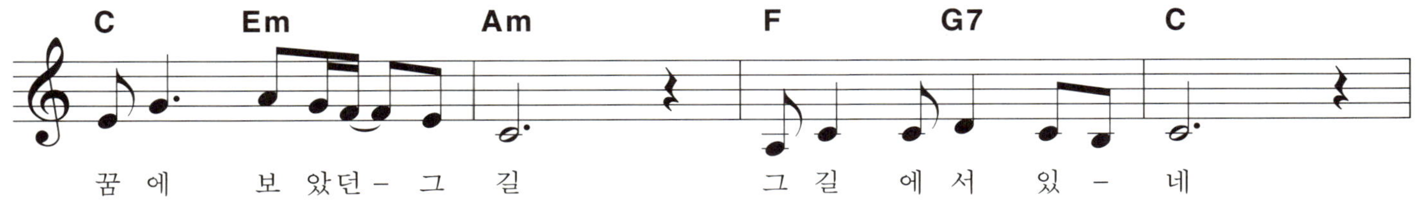

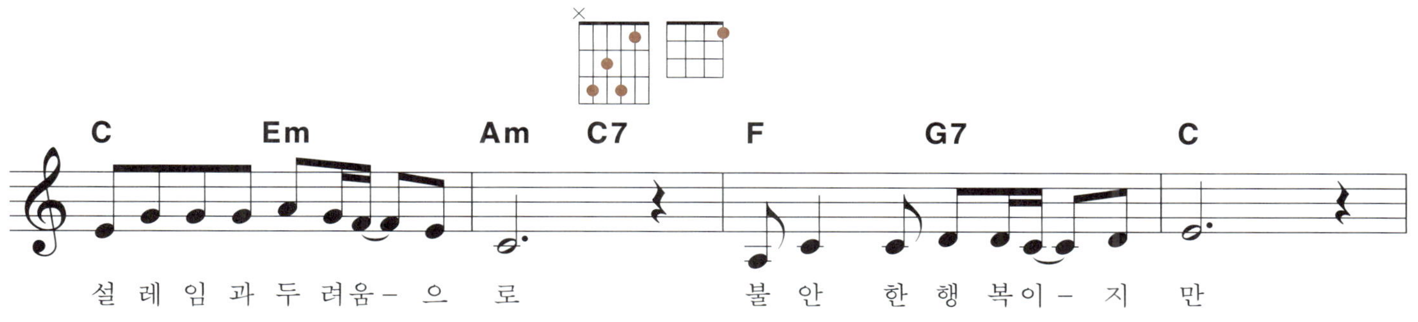

C Em Am C7 F G7 C
설 레 임 과 두 려 움 - 으 로
불 안 한 행 복 이 - 지 만

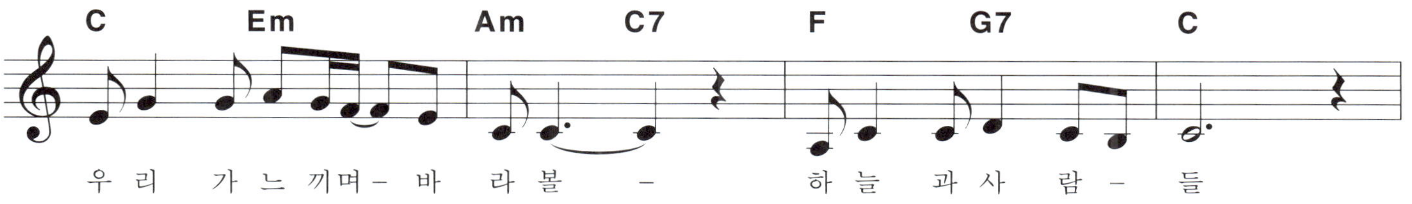

C Em Am C7 F G7 C
우 리 가 느 끼 며 - 바 라 볼 -
하 늘 과 사 람 - 들

F G7 C Am F G7 C
힘 겨 운 날 들 도 있 지 만
새 로 운 - 꿈 들 을 - 위 해

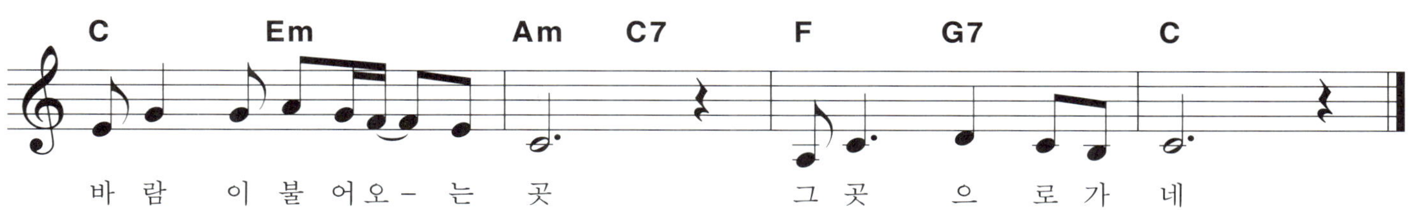

C Em Am C7 F G7 C
바 람 이 불 어 오 - 는 곳
그 곳 으 로 가 네

내 사랑 내 곁에

오태호 작사 | 오태호 작곡 | 김현식 노래

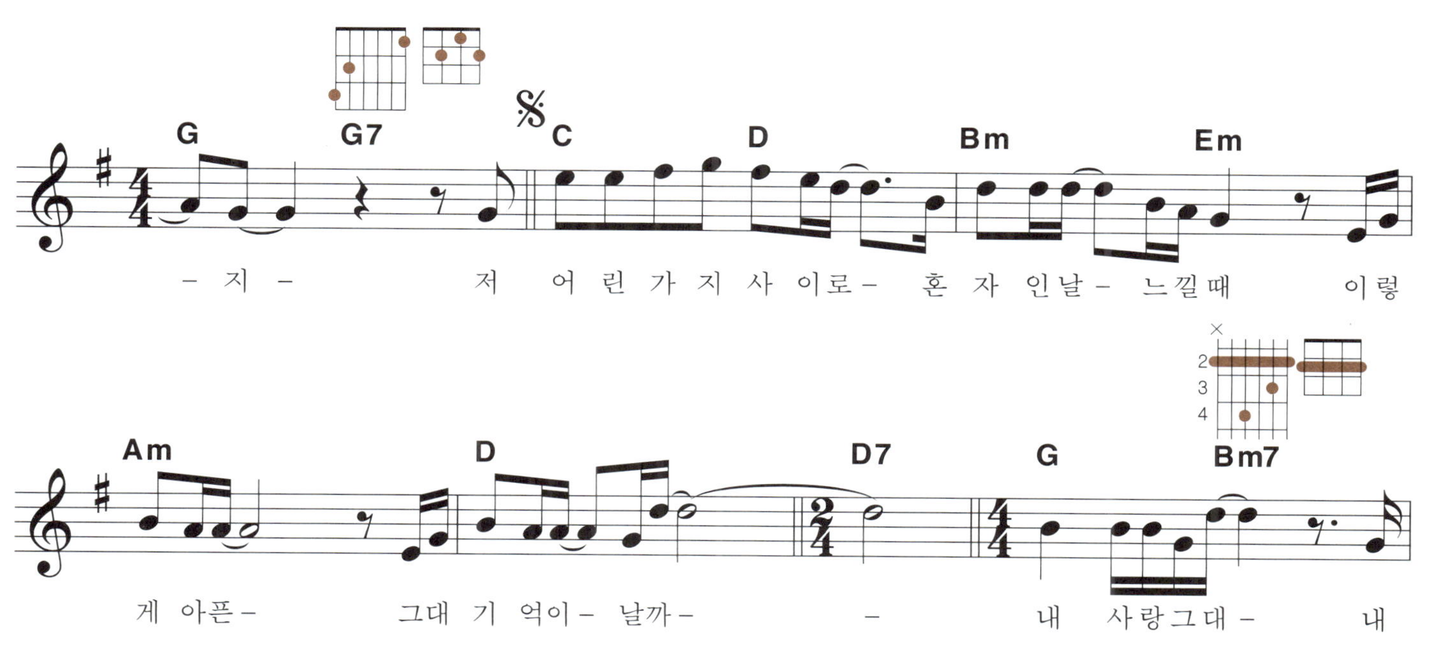

G G7 C D Bm Em
- 지 -   저 어린 가지 사 이로- 혼 자 인날- 느낄때   이렇

Am D D7 G Bm7
게 아픈-   그대 기 억이- 날까-   -   내 사랑그대 -   내

Em D C G Am D
곁 에 있 어 줘 -   이 세 상 - 하나뿐- 인 - 오 직 그 대-만이-

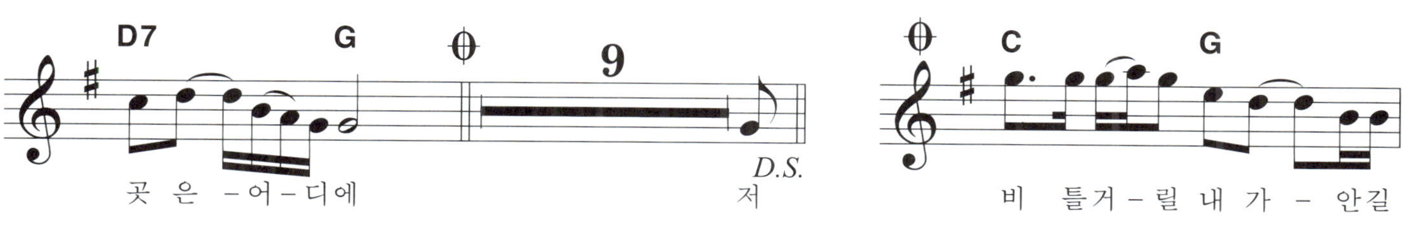

G Bm7 Em D C G
힘 겨운날에-   너 마 저 떠 - 나면 -   비 틀거-릴 내 가 - 안길

D7 G 9 C G

D.S.
곳 은 - 어 - 디에   저   비 틀거-릴 내 가 - 안길

D7 G C G D7 G
곳 은 - 어 - 디에   비 틀거-릴 내 가 - 안길 곳은 - 어 - 디에

너에게 난 나에게 넌

송봉주 작사 | 송봉주 작곡 | 자전거 탄 풍경 노래

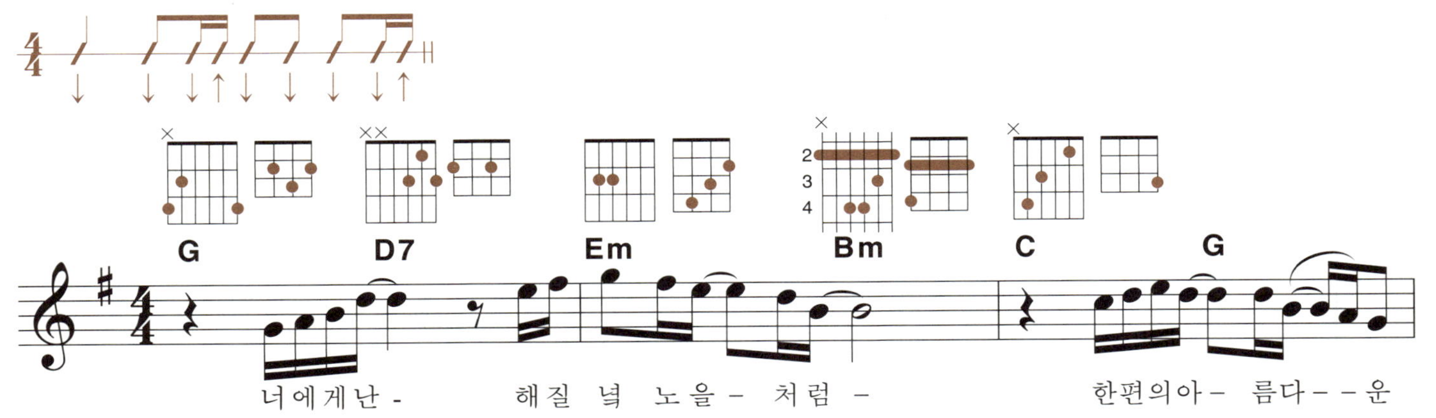

G   D7   Em   G   C   G
조그맣던 -   너의 하-얀 손-위에 -   빛나는보- 석처 - 럼
반짝이던 -   너의 예쁜눈 망-울에 -   수많은별 - 이되 - 어

Am7   D7   G   D7   Em   Bm
영원 의-약 속-이되-어 -   너에게난 -   해질 녘 노을- 처럼 -
영원 토-록빛-나고- 싶 어

C   G   Am7   D7   G   D7
한 편의아 - 름다 - -운 추억 이-되고 -   소중했던 -   우리

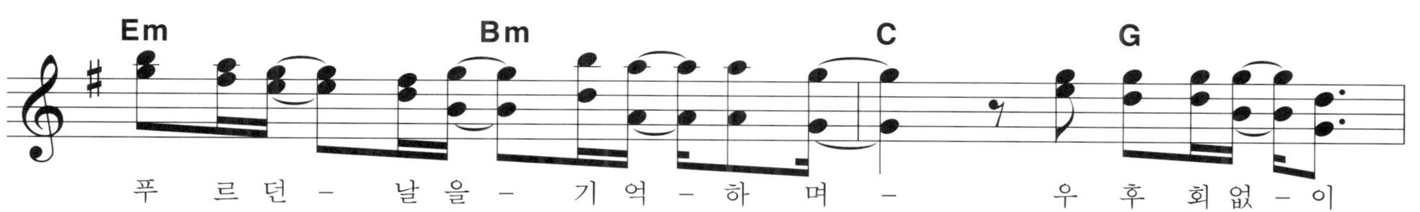

Em   Bm   C   G
푸 르던 - 날을 - 기억 - 하며 -   우 후 회없 - 이

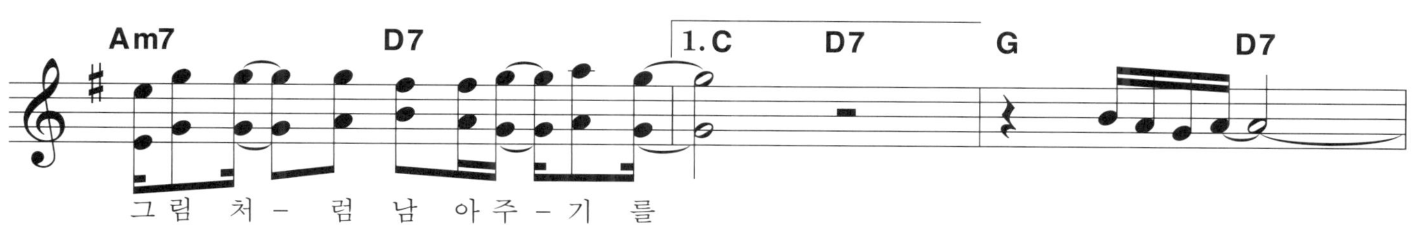

Am7   D7   1.C   D7   G   D7
그림 처 - 럼 남 아주 - 기 를

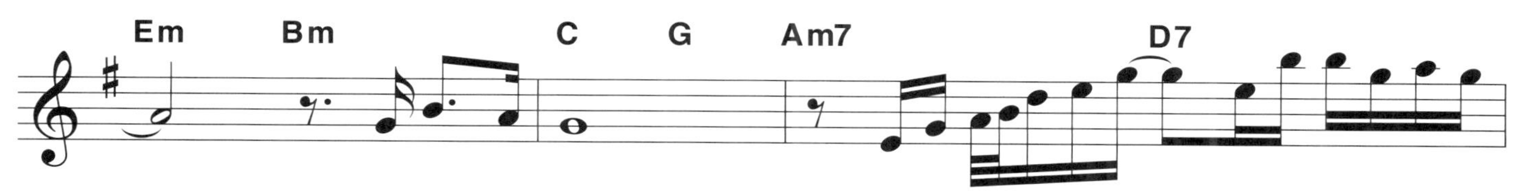

Em   Bm   C   G   Am7   D7

G
D7
Em
G7

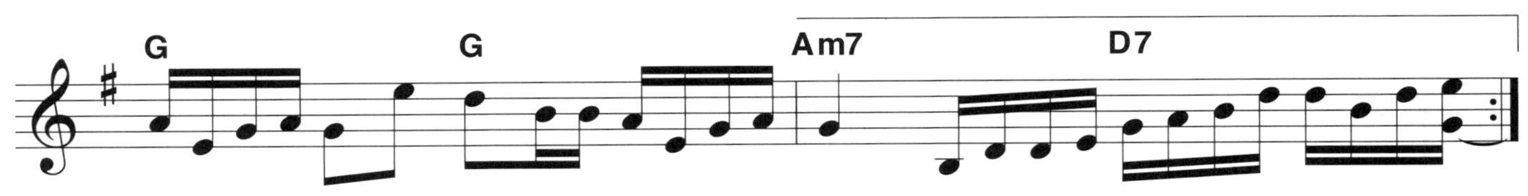
G
G
Am7
D7

2. G
D7
Em
Bm
너 에 게 난 - 해 질 녘 노 을 - 처 럼 -

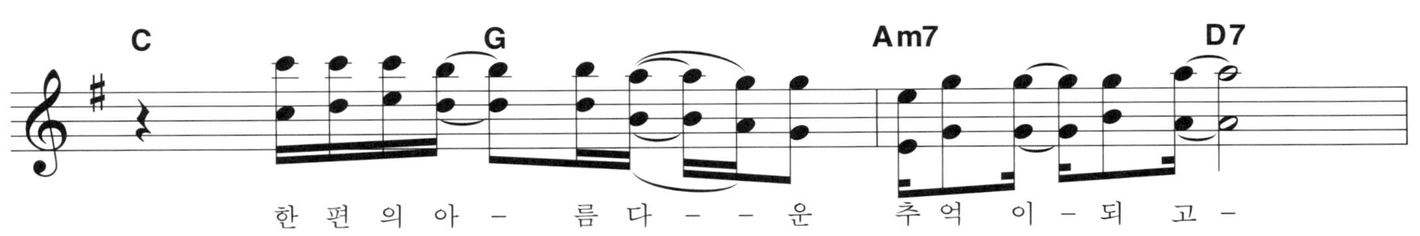
C
G
Am7
D7
한 편 의 아 - 름 다 - - 운 추 억 이 - 되 고 -

G
D7
Em
Bm
C
G
소 중 했 던 - 우 리 푸 르 던 - 날 을 - 기 억 - 하 며 - 우 후 회 없 - 이

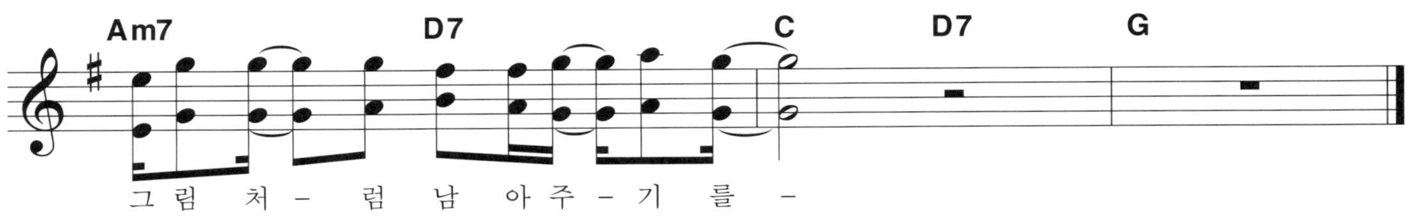
Am7
D7
C
D7
G
그 림 처 - 럼 남 아 주 - 기 를 -

부록

타브 악보

타브 악보(Tablature) 보는 방법

▶ 아라비아 숫자(1, 2, 3 …)는 몇 번째 프렛인지 나타냅니다.

혜화동

김창기 작사 | 김창기 작곡 | 동물원, 박지민 노래

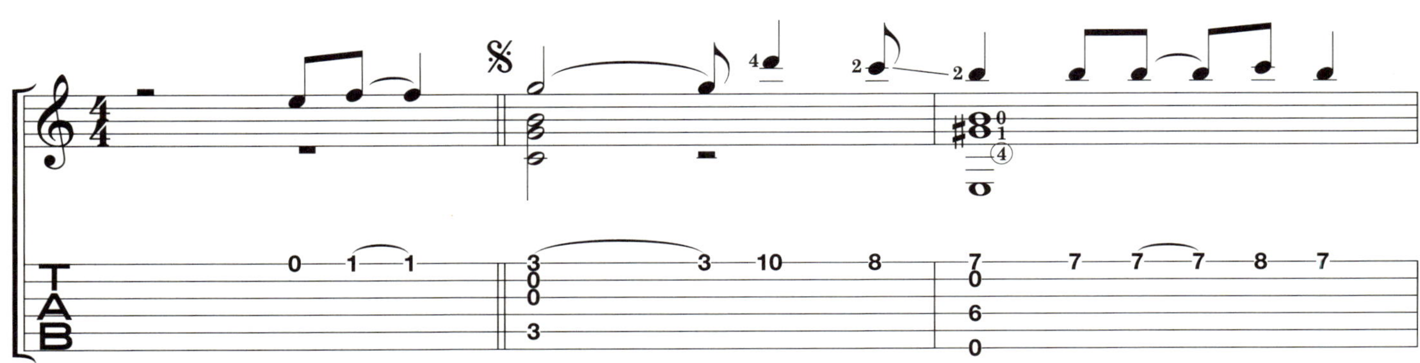

C.1

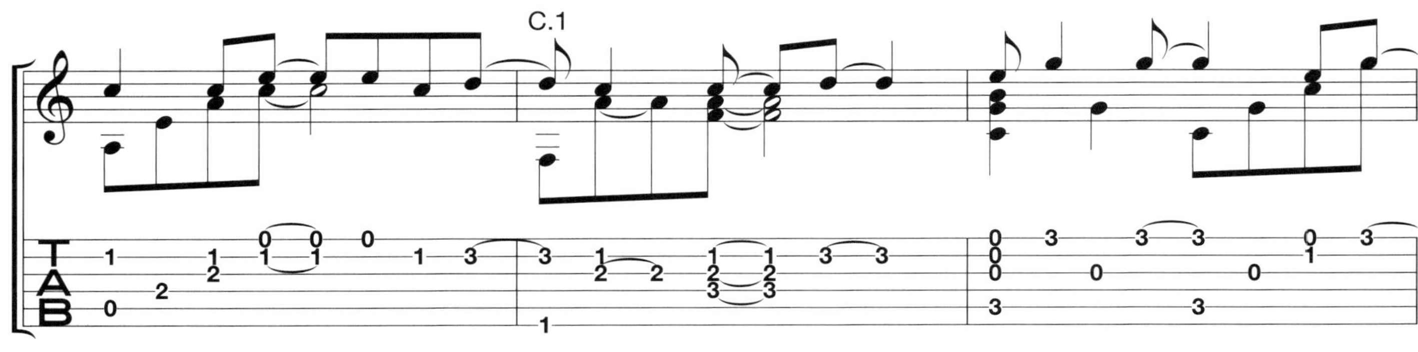

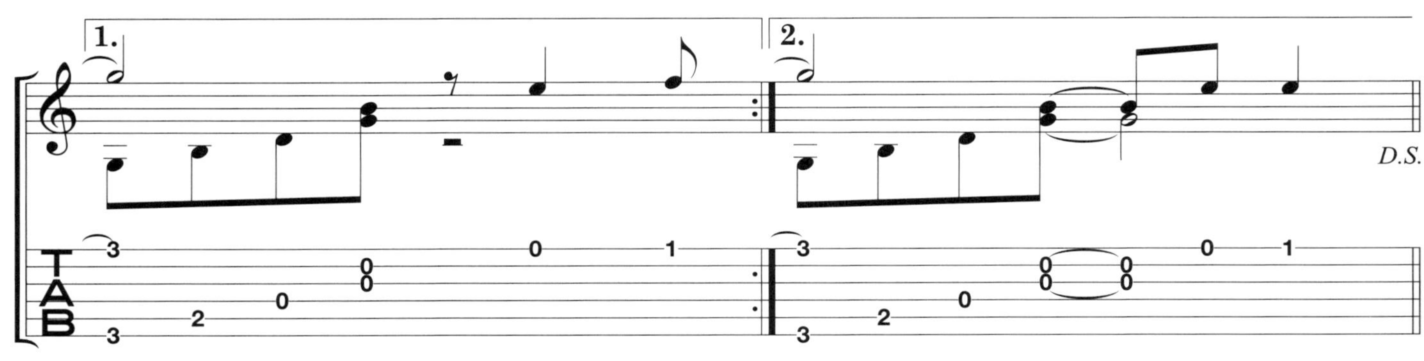

1.
2.
D.S.

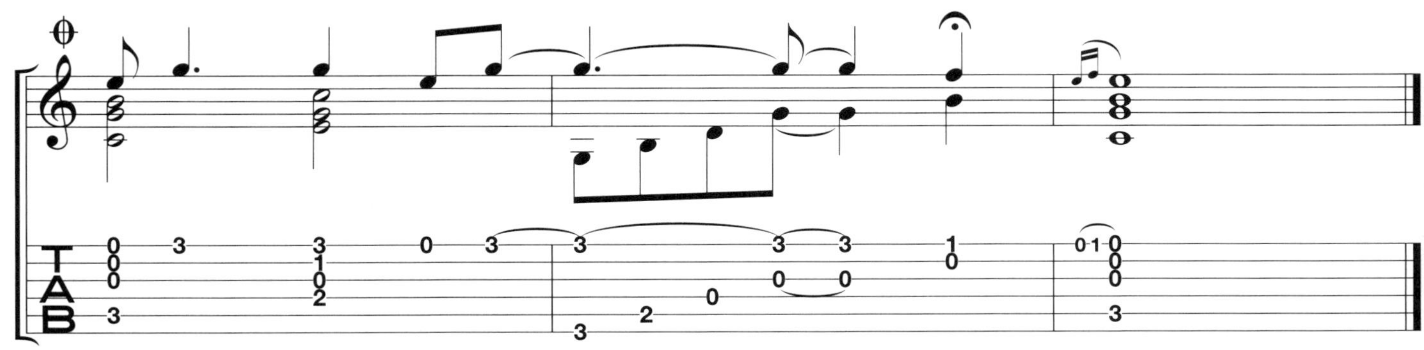

걱정말아요 그대

전인권 작사 | 전인권 작곡 | 전인권, 이적 노래

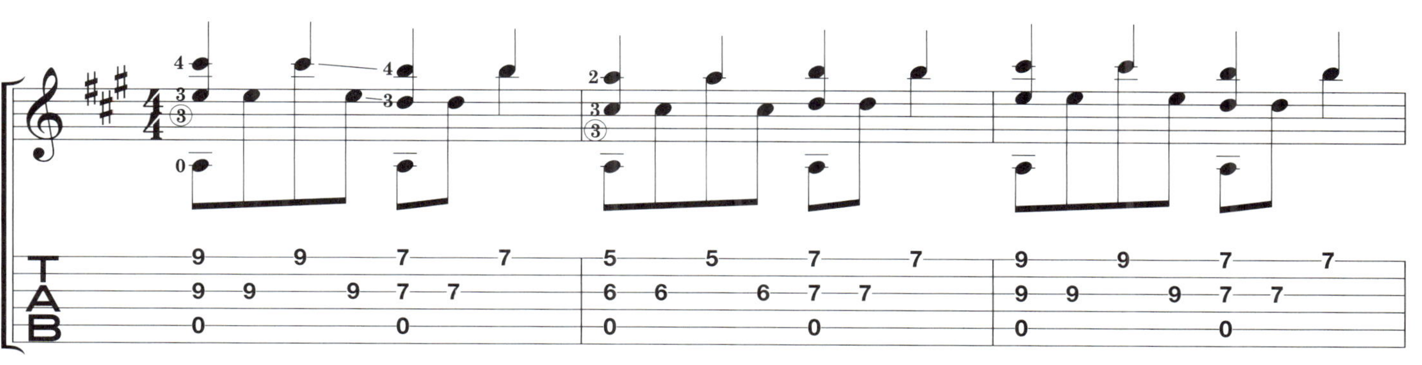

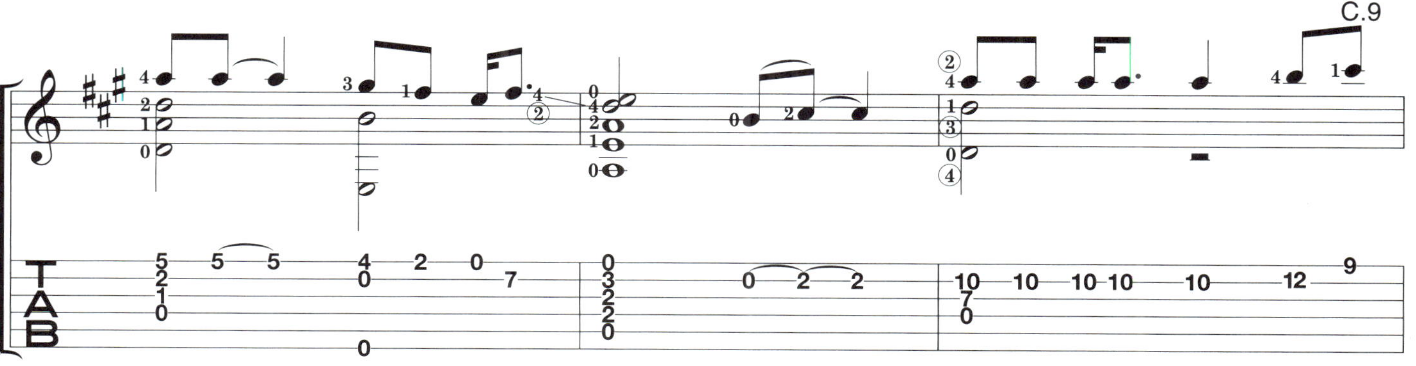

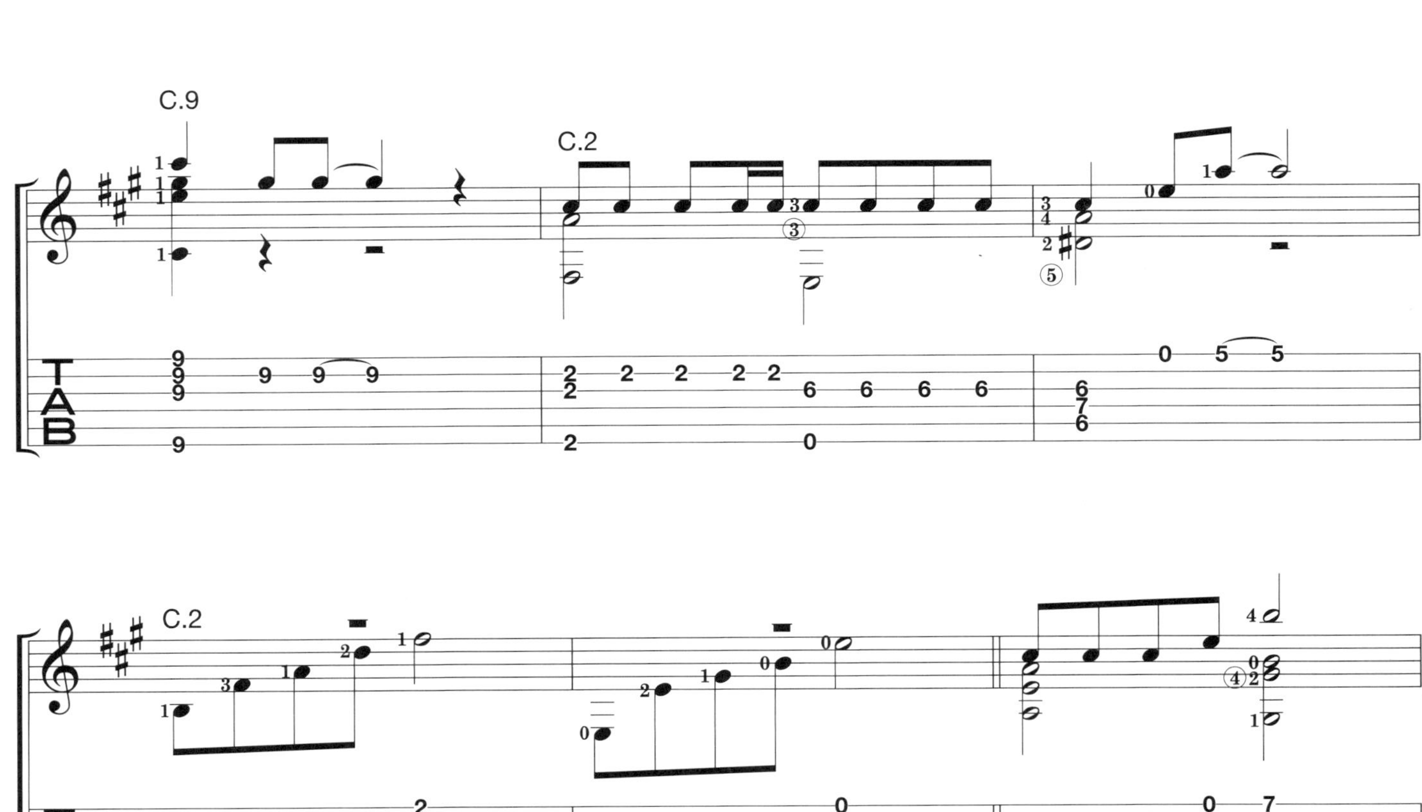
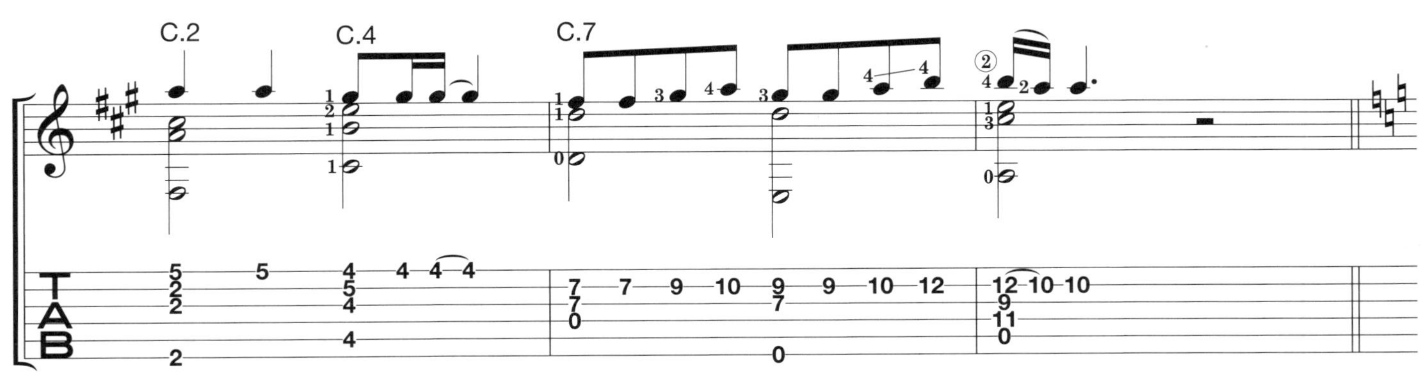
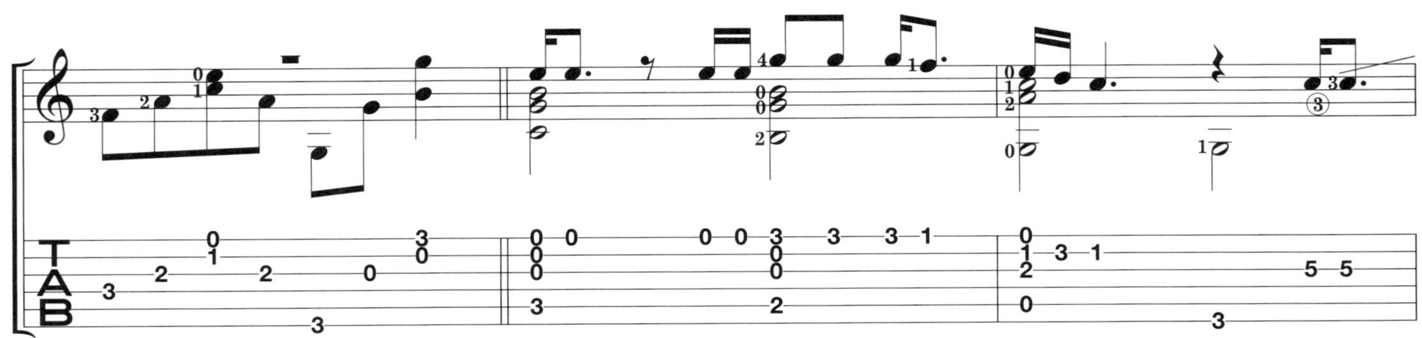

통기타&우쿨렐레 코드표
Guitar & Ukulele code table

C

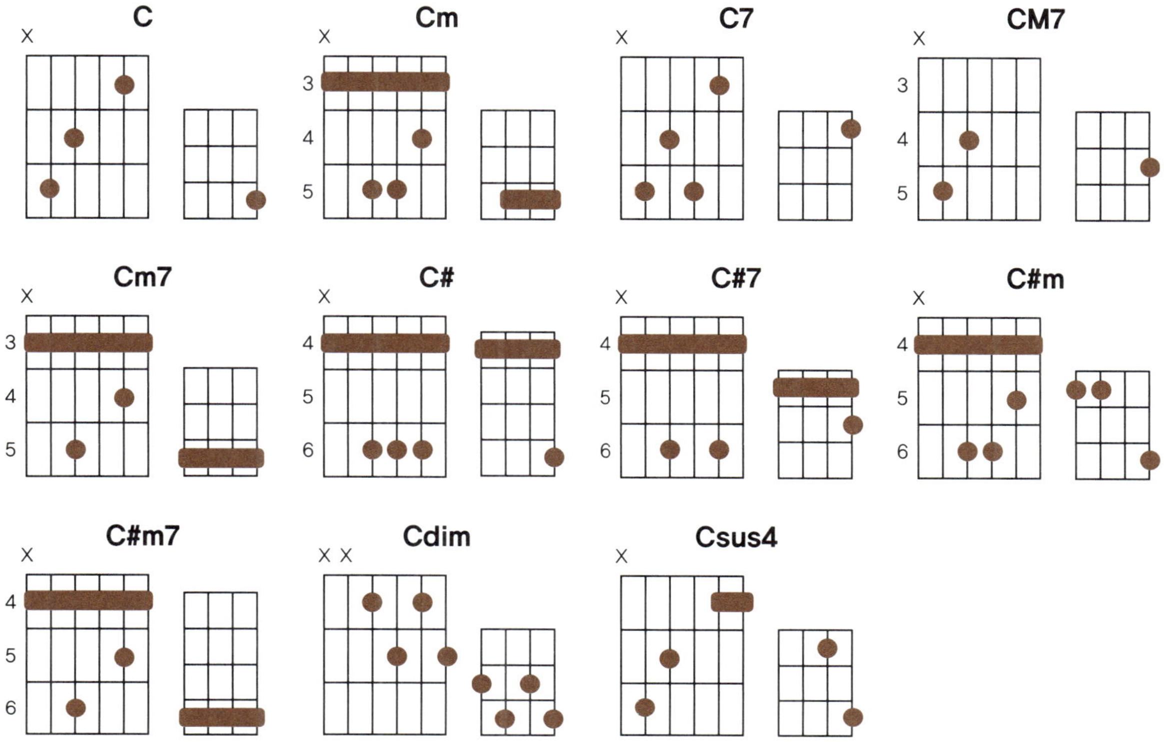

C   Cm   C7   CM7

Cm7   C#   C#7   C#m

C#m7   Cdim   Csus4

D

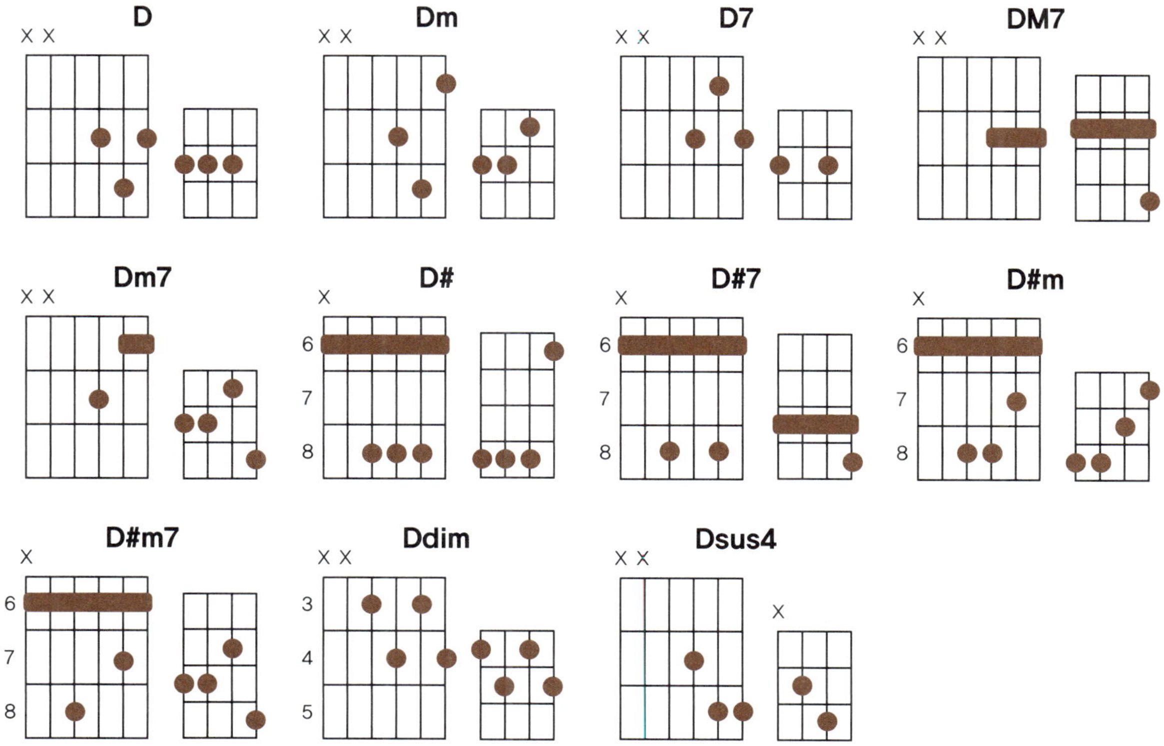

D   Dm   D7   DM7

Dm7   D#   D#7   D#m

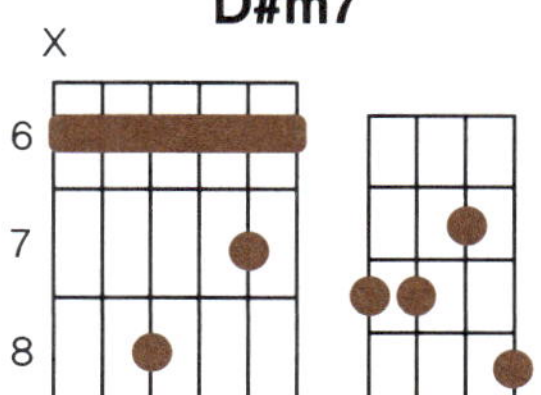
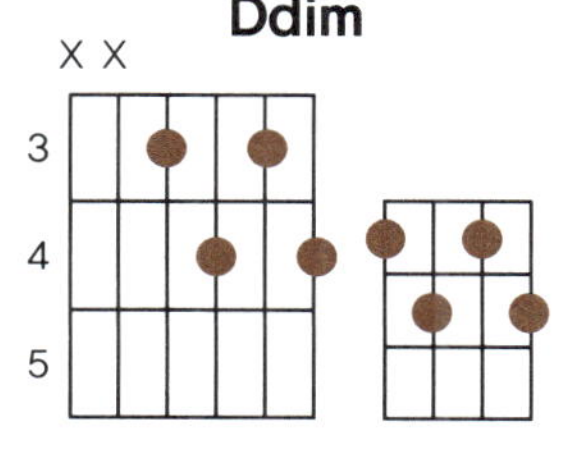
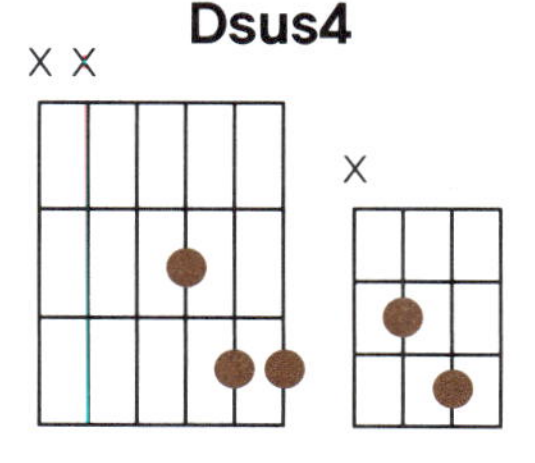

D#m7   Ddim   Dsus4

통기타&우쿨렐레 코드표
Guitar & Ukulele code table

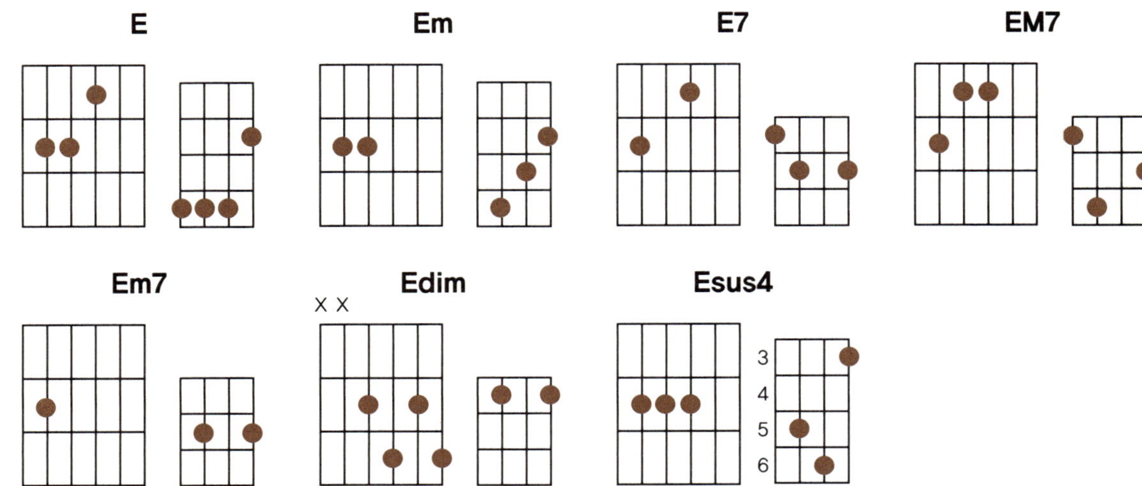

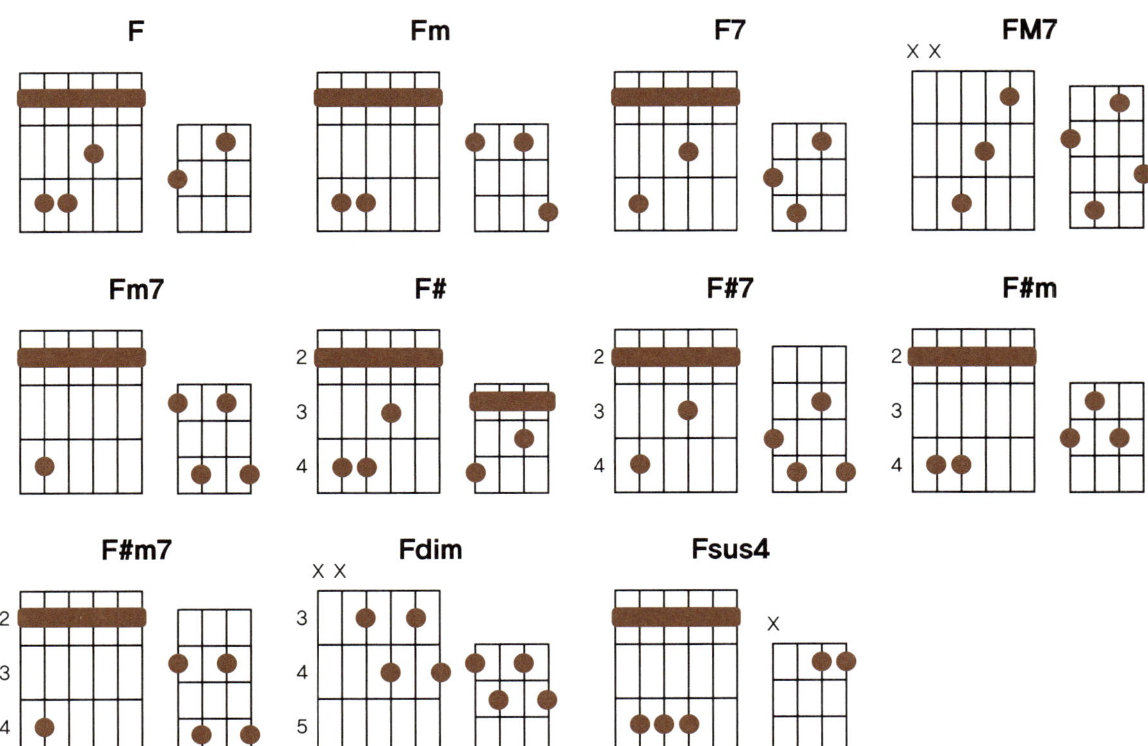

G

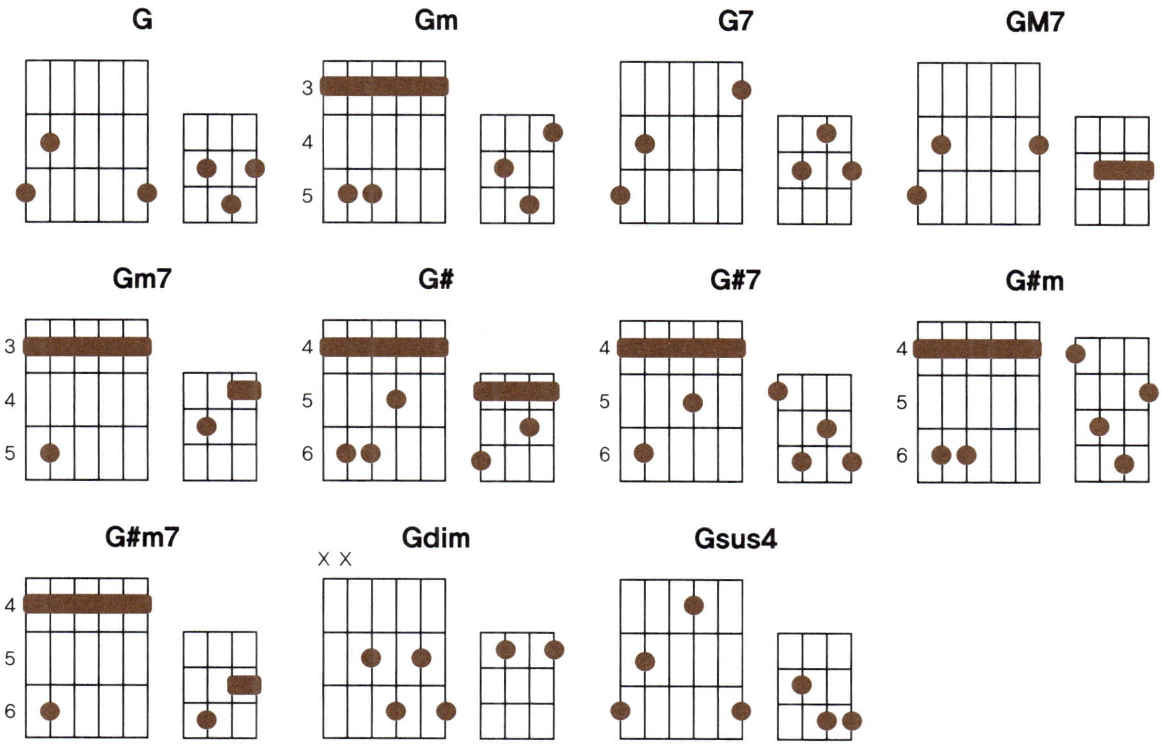

G   **Gm**   **G7**   **GM7**

Gm7   **G#**   **G#7**   **G#m**

G#m7   **Gdim**   **Gsus4**

A

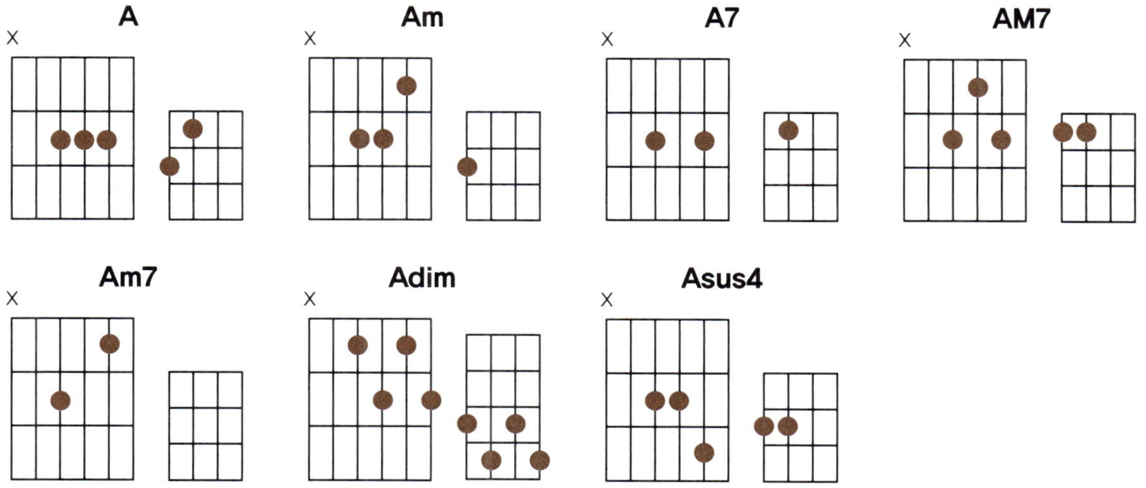

A   **Am**   **A7**   **AM7**

Am7   **Adim**   **Asus4**

통기타&우쿨렐레 코드표

Guitar & Ukulele code table

B

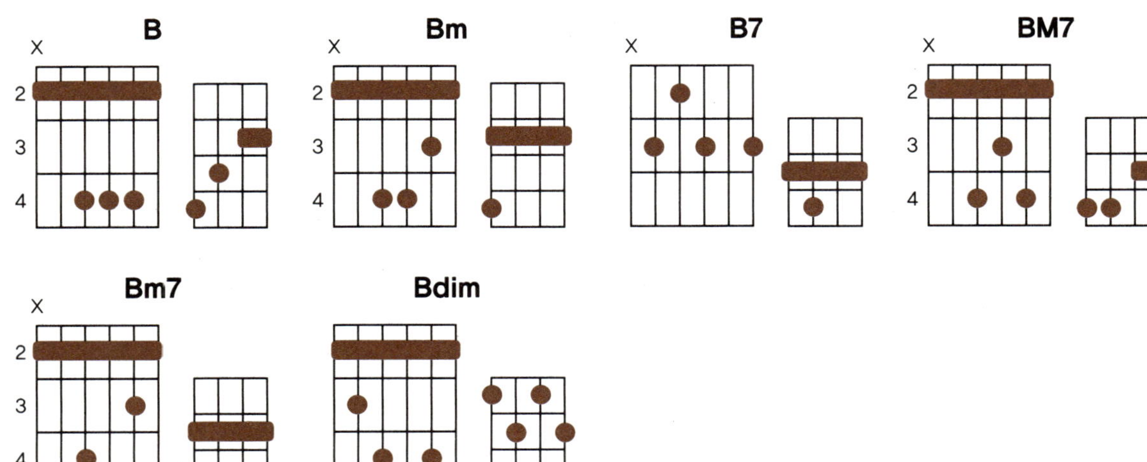